U0908991

中职中专会计专业“营改增”系列教材

基础会计

罗绍明　主编

李利勤　梁章信　包玉斌　副主编

科学出版社

北　京

内 容 简 介

本书按照财政部发布的《企业会计准则——基本准则》编写，结合中职学生的认知特点和规律安排内容。本书内容新颖，反映营业税改征增值税的最新财税政策；实用性强，贴近企业实践，体现技能型人才培养特色。本书共8章，主要介绍会计的基础知识，包括认知会计、认知和填制原始凭证、理解会计记账原理、认知和填制记账凭证、认知和登记会计账簿、认知和编制财务报表、认知会计核算程序与要求、整理与保管会计资料。本书还配有《基础会计实训》实训教材，便于学生进行课内或课外理论知识与实训的练习，深入理解与应用基础会计的相关知识。

本书既可作为中等职业学校会计及会计电算化专业的教学用书，又可作为经济管理类专业基础会计课程的教学用书，还可作为会计人员及对会计工作有兴趣人士的参考用书。

图书在版编目(CIP)数据

基础会计 / 罗绍明主编. —北京：科学出版社，2020.6

（中职中专会计专业“营改增”系列教材）

ISBN 978-7-03-065371-0

Ⅰ. ①基… Ⅱ. ①罗… Ⅲ. ①会计学-中等专业学校-教材 Ⅳ. ①F230

中国版本图书馆 CIP 数据核字（2020）第 093471 号

责任编辑：贾家琛 都 岚 / 责任校对：马英菊

责任印制：吕春珉 / 封面设计：东方人华平面设计部

科学出版社 出版

北京东黄城根北街 16 号

邮政编码：100717

http://www.sciencep.com

新科印刷有限公司 印刷

科学出版社发行 各地新华书店经销

*

2020 年 6 月第 一 版 开本：787×1092 1/16

2020 年 6 月第一次印刷 印张：12 1/4

字数：283 000

定价：35.00 元

（如有印装质量问题，我社负责调换〈新科〉）

销售部电话 010-62136230 编辑部电话 010-62135397-2041

前 言

“基础会计”是中等职业学校会计及会计电算化专业的核心专业基础课，是会计专业知识结构中的基础工程，旨在培养学生掌握会计的基本理论、基本方法与基本技能。有鉴于此，本书主编组织了多位拥有丰富教学经验的资深教师，结合中职学生的认知特点，编写了本书。

本书具有以下特点。

1）坚持立德树人，培育社会主义核心价值观。本书以习近平新时代中国特色社会主义思想为指导，全面贯彻落实党的十九大精神，坚持立德树人根本任务，在会计职业道德部分以知识拓展的形式嵌入社会主义核心价值观，把培育和践行社会主义核心价值观贯穿教育教学全过程。

2）内容新颖，反映营业税改征增值税的最新财税政策。经国务院批准，自 2019 年 4 月 1 日起，制造业等行业增值税税率从 16%降至 13%，交通运输业、建筑业、基础电信服务业等行业及农产品等货物的增值税税率从 10% 降至 9%，以及不动产进项税额采用一次性全额抵扣等。基于此，编者依据最新的营业税改征增值税财税政策，以及新修订实施的《国务院办公厅关于全面推进生育保险和职工基本医疗保险合并实施的意见》《财政部关于修订印发 2019 年度一般企业财务报表格式的通知》等文件组织教材编写，力争体现教材的新颖性与实用性。

3）实用性强，贴近企业实践，体现技能型人才的培养特色。本书以同一家生产企业的经济业务为基础，设置会计核算例题，进行会计核算讲解，体现“业财融合”的理念。每个重要知识点都设计一个贴近企业实际经济业务的例题，且配有原始凭证样图，并详细分析其核算方法与技巧，这既有利于学生系统、清晰地了解与会计相关的经济业务内容，又有利于学生掌握会计的核算方法，加深对基础会计知识的理解与掌握。

本书由汕头市鮀滨职业技术学校罗绍明任主编，惠州工程职业学院李利勤、深圳市宝安职业技术学校梁章信、广州市贸易职业高级中学包玉斌任副主编，参与编写的人员有山东日照市农业学校宋良文、汕头市鮀滨职业技术学校赖健勋。具体编写分工如下：第 1、2 章由梁章信编写，第 3、4 章由李利勤编写，第 5 章由罗绍明编写，第 6 章由宋良文、赖健勋编写，第 7、8 章由包玉斌编写。全书由罗绍明统稿。

编者在编写本书的过程中，参阅了大量文献与网络资料，借鉴和吸收了国内外专家学者的最新科研成果，在此向有关资料的著作者致以诚挚的感谢。

由于编者水平有限，书中不足之处在所难免，恳请广大读者批评指正并提出宝贵意见与建议（联系邮箱：stluoming@163.com）。

编 者

2019 年 12 月

目　录

第1章 认知会计

学习目标

1. 能够理解企业的概念和组织形式。
2. 能够叙述企业的部门构成。
3. 能够理解企业经济业务的构成。
4. 能够理解会计的概念与特征。
5. 能够叙述会计的职能。
6. 能够掌握会计职业道德的内容。

学习要点

1. 企业经济业务的构成。
2. 会计的特征。
3. 会计职业道德的内容。

1.1 认知企业

1.1.1 企业概述

1. 企业的概念及其特征

企业是指以营利为目的，从事生产、流通、服务等经济活动，为社会提供商品、劳务或服务，通过满足社会需求来获取利润，实行独立核算、自主经营、自负盈亏的经济实体。

企业不同于行政单位和事业单位，其独有的特征表现在以下几个方面。

1）经济性。企业是一种经济组织，它以经济活动为中心，实行全面的经济核算，追求并致力于不断提高经济效益。

2）营利性。企业是以营利为目的，实行独立核算、自主经营、自负盈亏的经济实体，追求利润最大化是其基本目标，它通过满足社会的需要，实现资本增值和利润最大化。

3）商品性。企业是从事商品或劳务生产和经营的经济组织，它通过提供适销对路的商品或劳务来获得利润，承担社会责任，实现可持续发展。

2. 企业的组织形式

目前，我国的企业有独资企业、合伙企业和公司制企业等组织形式。

1）独资企业。它是指依法设立，由一个自然人投资，财产为投资人个人所有，投资人以其个人财产对企业债务承担无限责任的经营实体。

2）合伙企业。它是指依法设立，由各合伙人订立合伙协议，共同出资、合伙经营、共享收益、共担风险，并对合伙企业债务承担无限连带责任的营利性组织。

3）公司制企业。它是指依法设立，由两个以上投资人（自然人或法人）依法出资组建，有独立法人资产，自主经营、自负盈亏的法人企业。法人是指具有一定的组织机构和独立财产，能以自己的名义进行民事活动，享有民事权利和承担民事义务，依照法定程序成立的组织。法人具有以下 3 个特征：①拥有法人财产经营权；②享有民事活动的权利；③承担民事义务。

知识拓展 1-1

公司制企业与独资企业、合伙企业的区别

公司制企业主要包括有限责任公司和股份有限公司。有限责任公司是指依法设立，股东以其出资额为限对公司承担责任，公司以其全部资产对公司债务承担责任的企业法人。股份有限公司是指依法设立，其全部资本分为等额股份，股东以其所持有的股份为限对公司承担责任，公司以其全部资产对公司债务承担责任的企业法人。

公司制企业是企业法人，在法律上具有独立的人格，有权以公司的名义从事经营活动并参与其他有关的民事活动。而独资企业和合伙企业属于自然人企业，没有法人地位，企业只是自然人进行商业活动的一种特殊形态。

公司制企业拥有独立的法人资产，享有法人财产权（即财产属于公司所有，不属于股东个人所有），公司以其全部资产对公司的债务承担责任。而独资企业和合伙企业以其个人财产或合伙人财产对企业债务承担无限责任。

1.1.2 企业的部门构成

部门是企业完成一类业务的基础单元，是该类业务责任与权力的组合。企业一般需设置董事会、监事会、总经理、财务部、人事部、生产部、仓储部、销售部等部门或职位。

董事会是依照有关法律、行政法规等规定，按企业章程设立并由全体董事组成的业务执行机关。董事会是股东（大）会（企业权力机关）的业务执行机关，负责企业生产经营活动的指挥与管理，对企业股东（大）会负责并报告工作。

监事会是由股东（大）会选举的监事及由职工民主选举的监事组成的，对企业的生产经营活动进行监督和检查的法定必设和常设机构。

总经理是董事会聘任的，对董事会负责，在董事会的授权下，执行董事会的战略决策，实现董事会制定的企业经营目标，并通过组建必要的职能部门，组聘管理人员，形成一个以总经理为中心的组织、管理、领导体系，实施对企业的有效管理。

财务部门是企业负责财务会计业务的专职部门，其基本职责包括日常财务核算、融资、预算管理、投资审查、财务报表、利润分配等。

人事部门通常称为人力资源部，是企业负责人力资源管理业务的专职部门，其基本职责包括员工招聘、培训、调配、考核、薪酬管理、集体福利等。

生产部门是企业负责材料采购、产品生产等业务的专职部门，其基本职责包括生产物料采购及进仓管理、生产计划制订、保质保量生产产品、设备维护保养等。

仓储部门是企业负责材料、产品等财产物资储存保管的专职部门，其基本职责包括财产物资验收入库、储存、保管、出库等。

销售部门是企业负责产品（服务）销售的专职部门，其基本职责包括广告宣传、渠道建立与管理、推销、售后服务、客户关系和货款回笼等。

知识拓展 1-2

企业的基本构成要素

通俗地说，构成企业的基本要素是人、财、物。

"人"即人力资源，是企业生产经营活动的主体，是企业系统中最重要、最活跃的要素，是企业第一资源。人员数量的多少、人员素质的高低，以及不同人员之间比例的协调状况等，直接影响和决定着企业系统的运行效果。

"财"即资金，是构成企业系统的基本要素，是企业系统中劳动手段和劳动对象的货币表现。企业在整个生产经营活动过程中，从价值形态看，就是资金运动和价值增值的过程。资金从其数量、构成（各种资金的比例）、周转速度等方面对企业系统的运行产生影响。

"物"即物质资料，是指企业系统中的各种劳动资料和劳动对象，是企业从事生产经营活动必不可少的条件，包括企业生产经营中所占用的土地、建筑物、各种机器设备、运输工具、原材料、辅助材料等。物质资料从其数量、质量、技术含量、配套情况等方面影响和决定企业系统的运行效果。

以上 3 种要素，无论在属性上，还是在形态上，都各不相同。但在整个企业系统中，它们相互联系在一起，形成一个有机整体，人借助于劳动资料，作用于劳动对象，推动着生产经营活动的运行，同时也推动着资金周而复始地循环。

1.1.3 企业的业务构成

1. 筹资

从企业的运作流程来看，企业的生产经营由供应过程、生产过程和销售过程所构成。企业为了开展生产经营活动，生产出适销对路的产品，必须拥有一定数量的经营资金，而这些经营资金需要从一定的渠道取得，即筹资。

2. 采购

企业筹集到的资金首先进入供应过程，供应过程是企业产品生产的准备过程，在这个过程中，企业用货币资金购买机器设备等劳动资料形成固定资金，购买原材料等劳动对象形成储备资金，即采购。

3. 生产

生产是企业经营过程中的中心环节。在生产过程中，劳动者运用劳动资料对劳动对象进行加工，生产出适销对路的产品，以满足社会的需要。生产过程既是产品的制造过程，又是物化劳动和活劳动的消耗过程，即费用、成本的发生过程。

4. 销售

销售是产品价值的实现过程。在销售过程中，企业通过销售产品，并按销售价格与购买单位办理各种款项的结算，收回货款，从而使得实物资金形态转化为货币资金形态，回到了资金运动的起点状态，完成了一次资金的循环。

5. 利润分配

企业在生产经营过程中所获得的各项收入抵偿各项成本、费用之后的差额，形成企业的所得，即利润。企业获得的利润，一部分要以所得税的形式上缴国家，形成国家的财政收入；另一部分即税后利润，要按照规定的程序进行合理分配，即利润分配。

知识拓展 1-3

资金循环与周转

企业的资金经过供应过程、生产过程和销售过程，其形态也在发生变化。企业的资金一开始表现为货币形态，用货币购买材料物资时，货币资金转化为储备资金（材料物资等所占用的资金）；生产产品领用材料物资时，储备资金转化为生产资金（生产过程中各种在产品所占用的资金）；产品加工完毕验收入库时，生产资金转化为成品资金（待售产成品或自制半成品所占用的资金）；产品销售收回货币资金时，成品资金又转化为货币资金。

企业的资金从货币资金开始，依次经过储备资金、生产资金、成品资金，最后又回到货币资金，这一运动过程称为资金循环，如图 1-1 所示。周而复始的资金循环，称为资金周转。企业的资金周而复始地循环，在不断循环的过程中发生数值上的变化，表现为企业的盈利和亏损。

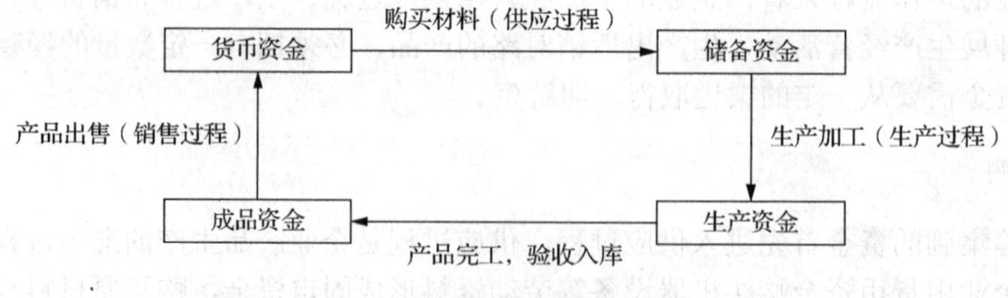

图 1-1　资金循环过程

知识拓展 1-4

企业生产经营中的商流、物流、资金流与信息流

企业的生产经营过程伴随着商流、物流、资金流和信息流，它们相互联系、相互促进，保障企业生产经营活动的正常进行。

1）商流。它是指商品所有权发生转移的过程，即企业销售产品，实现其价值的过程。

2）物流。它是指企业生产经营所需的各种物质要素，从供应和投入生产开始，经过加工制造，形成在制品、半成品，再到产成品，直到把产品销售出去为止的整个过程。

3）资金流。它是指企业资金运动的过程。在企业生产经营过程中，资金从货币资金形态转化为实物资金形态，又从实物资金形态回到货币资金形态，形成资金的循环，从而实现资金价值的转移、交换和增值。

4）信息流。它是指企业生产经营活动所需的全部信息的收集、加工、储存和传递过程。信息流虽然是无形的，但是对企业的生产经营活动起着非常重要的作用。例如，企业销售部门取得客户订单后，生产部门应根据订单组织生产，采购部门应保证生产订单所需的材料，一环紧扣一环，企业才能保证按质按量按期交货。

1.2 认知会计工作

1.2.1 会计的概念及基本特征

会计是以货币为主要计量单位，运用专门的方法，对各单位的经济活动进行核算和监督的一种经济管理活动。会计的基本特征表现为以下几个方面。

1. 会计是一种经济管理活动

会计是经济管理的重要组成部分，是以提供经济信息、提高经济效益为目的的经济管理活动。

2. 会计以货币为主要计量单位

会计以货币为主要计量单位，反映企业的生产经营活动。通常，计量单位有实物单位、劳动单位和货币单位 3 种。在企业生产经营过程中，前两种计量单位均无法一贯到底和综合汇总，只能从侧面反映企业的生产经营状况，不便于会计计量和经营管理。只有货币单位可以对企业的生产经营活动进行综合汇总反映，全面反映企业的经营成果和财务状况。

3. 会计对各单位的经济活动进行核算和监督

会计主要从价值量方面核算企业的经济活动（即企业的资金运动）。企业以货币形式计量的经济活动，从会计视角分析，称为经济业务（即经济交易或事项），其构成会计核算的对象（即会计对象）。其中，经济交易是指企业与其他经济实体之间所发生的商品或劳务交换、资产转移、款项结算等经济活动；经济事项是指企业内部发生的经济活动，如生产领用材料、产品完工入库等。

知识拓展 1-5

会计核算的过程和内容

会计对企业的经济活动进行核算，主要包括记账、算账和报账 3 个阶段。记账是指把企业所发生的全部经济业务运用一定的程序和方法在账簿上予以登记；算账是指在记账的基础上，运用一定的程序和方法计算该企业生产经营活动中的资产、负债、所有者权益、收入、费用和利润情况；报账是指在记账和算账的基础上，通过编制财务报表等方式将该企业的财务状况和经营成果向会计信息使用者报出。

会计核算的内容主要包括款项和有价证券的收付，财产物资的收发、增减和使用，债权债务的发生和结算，资本、基金的增减，收入、支出的计算，以及财务成果的计算和处理等。

知识拓展 1-6

会计的产生与发展

会计是人类生产活动发展到一定历史阶段的产物。生产活动是人类赖以生存和发展的基础，也是人类最基本的实践活动。生产活动能创造出物质财富，取得一定的劳动成果，同时会发生劳动耗费，其中包括人力、物力和财力的耗费。当生产活动发展到一定程度，劳动成果有了剩余以后，人们开始关心劳动成果和劳动耗费的比较，更关心对剩余劳动成果的管理和分配，这就需要对它们进行计量和记录，因而产生了会计思想，有了会计萌芽。

1494 年，意大利数学家卢卡•帕乔利所著的《算术、几何、比及比例概要》一书问世，成了会计理论发展史上里程碑式的重大事件，标志着近代会计的开端。

据史料记载，我国“会计”一词起源于西周时期。西周时期，朝廷设立了掌管财务赋税的“司会”等专门官职，以全面考核周王朝财政收支的过程及其结果，形成了“日成”（日积，即日常的零星核算）、“月要”（月累）、“岁会”（岁末总核算）等报告文书以进行“月计岁会”（既有日常的零星核算，又有岁末的总核算，通过日积月累及岁末的核算，以正确考核朝廷的财政收支）。清代数学家焦循针对西周时期人们对“会计”概念的认识，指出“零星算之为计，总合算之为会”。

2006 年，我国新的企业会计准则体系正式发布，并确定自 2007 年 1 月 1 日起在上市公司中施行，这是我国会计规范体系建设的一个里程碑事件，实现了我国会计准则向国际会计准则体系的全面趋同，凸显了我国会计信息系统作为国际通用商业语言的功能。

1.2.2 会计的职能

会计的职能是指会计在经济管理中所具有的功能。具体来说，就是会计是用来做什么的。会计的基本职能可以概括为对各单位的经济活动进行核算和监督。

1. 核算职能

核算职能，也称反映职能，是指会计按照会计准则的要求，采用一定的程序和方法，对各有关单位的经济活动进行全面、系统、及时、准确地核算，为其经营管理提供相关的经济信息。

2. 监督职能

监督职能是指会计按照一定的目的与要求，利用会计核算的信息，对各有关单位的经济活动的全过程的合法性、合理性和有效性进行监督，使之达到预期的目标。

会计的核算职能和监督职能是紧密结合、相辅相成的。核算职能是监督职能的基础，监督职能是核算职能的保证。只有如实核算，才能进行有效的监督；只有严格监督，才能进行正确的核算，为经济管理提供真实可靠的数据资料。

知识拓展 1-7

会计的作用

会计的作用是指会计的职能在特定的历史时期、特定的社会经济制度下实现和利用之后所产生的效果。从我国目前的会计实践工作来看，会计的作用主要表现为以下4点：①为国家进行宏观调控、制定经济政策提供信息；②加强经济核算，为企业经营管理提供数据资料；③保证企业投入资产的安全和完整；④为投资者提供财务信息，以便其进行正确的投资决策。

1.2.3 会计职业道德

会计职业道德是指在会计职业活动中应遵循的、体现会计职业特征的，调整会计职业关系的职业行为准则和规范。我国的会计职业道德规范主要包括以下8个方面的内容：爱岗敬业、诚实守信、廉洁自律、客观公正、坚持准则、提高技能、参与管理和强化服务。

1. 爱岗敬业

爱岗是指热爱自己的工作岗位，热爱本职工作。敬业是指用一种严肃的态度对待自己的工作，勤勤恳恳、兢兢业业，忠于职守，尽职尽责。爱岗敬业是会计职业道德的基本要求，是每个会计人员具备会计职业道德的首要标志。

2. 诚实守信

诚实是指言行与内心思想一致，不弄虚作假、不欺上瞒下，做老实人、说老实话、办老实事。守信是指要遵守自己所做出的承诺，讲信用、重信用，信守诺言，保守秘密。诚实守信是会计职业道德的根本，是会计人员在职业活动中处理人与人之间关系的道德准则。

知识拓展 1-8

社会主义核心价值观

党的十八大提出，倡导富强、民主、文明、和谐，倡导自由、平等、公正、法治，倡导爱国、敬业、诚信、友善，积极培育和践行社会主义核心价值观。富强、民主、文明、和谐是国家层面的价值目标，自由、平等、公正、法治是社会层面的价值取向，爱国、敬业、诚信、友善是公民个人层面的价值准则，这24个字是社会主义核心价值观的基本内容。

“富强、民主、文明、和谐”，是我国社会主义现代化国家的建设目标，是从国家层面对社会主义核心价值观基本理念的凝练，在社会主义核心价值观中居于最高层次，对其他层次的价值理念具有统领作用。

“自由、平等、公正、法治”，是对美好社会的生动表述，是从社会层面对社会主义核心价值观基本理念的凝练。它反映了中国特色社会主义的基本属性，是中国共产党矢志不渝、长期实践的核心价值理念。

“爱国、敬业、诚信、友善”，是公民基本道德规范，是从个人行为层面对社会主义核心价值观基本理念的凝练。它覆盖社会道德生活的各个领域，是公民必须恪守的基本道德准则，也是评价公民道德行为选择的基本价值标准。

3. 廉洁自律

廉洁是指不贪污钱财，不收受贿赂，保持清白。自律是指自律主体按照一定的标准，自己约束自己，自己控制自己的言行和思想的过程。廉洁自律要求会计人员公私分明、不贪不占、遵纪守法、清正廉洁。会计工作的特点决定了廉洁自律是会计职业道德的内在要求，是会计人员的行为准则。保持廉洁要靠会计人员的觉悟、良知和道德水准，这主要靠自律。

4. 客观公正

客观是指按事物的本来面目去反映，不掺杂个人的主观意愿，不为他人意见所左右。公正是指平等、公平、正直，没有偏失。客观公正要求会计人员在履行职责时，应摒弃自我利益威胁，避免各种可能影响其职业判断的利益冲突，按实际办事，实事求是地办事，在会计工作中保持公正客观的立场。客观公正是会计人员必须具备的行为品德，是会计职业道德规范的灵魂。

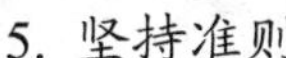

5. 坚持准则

坚持准则是指会计人员在处理业务过程中，要严格按照会计法律法规办事，不为主观意志或他人意志所左右。这里所说的准则，不仅指会计准则，而且包括会计法律、会计行政法规，以及与会计工作相关的法律法规制度等。会计人员在进行核算和监督的过程中要依法办事，坚持准则。坚持准则是会计人员职业道德的重中之重。

6. 提高技能

提高技能是指会计人员通过学习、培训、实践等途径，持续提高会计职业技能，以达到和维持足够的专业胜任能力的活动。提高技能既是会计人员的义务，也是会计人员做到客观公正、坚持准则的基础，是参与管理的前提，是会计人员职业道德水平的保证。会计职业技能的内容主要包括：①专业基础知识；②会计理论、专业操作的创新能力；③组织协调能力；④主动更新知识的能力；⑤提供会计信息的能力。

7. 参与管理

参与管理是指会计人员间接参与管理活动，为管理者当参谋，为管理活动服务。参与管理中的“管理”，不是指会计本身的管理，而是指企事业单位的管理活动或业务活动的管理。参与管理要求会计人员在做好本职工作的基础上，参与本单位的经营活动或业务活动，利用会计工作的优势，为本单位的经营活动或业务活动出谋划策，发挥参谋服务作用。

8. 强化服务

强化服务要求会计人员具有文明的服务态度，树立服务意识，提高服务质量，努力维护和提升会计职业的良好社会形象。强化服务的关键是提高服务质量。对于会计人员，强化服务就是要真实、客观地记账、算账和报账，积极主动地向单位领导反映经营活动情况和存在的问题，提出合理化建议，协助领导决策，参与经营管理活动。

本章小结

企业是指以营利为目的，从事生产、流通、服务等经济活动，为社会提供商品、劳务或服务，通过满足社会需求来获取利润，实行独立核算、自主经营、自负盈亏的经济实体。目前，我国的企业有独资企业、合伙企业和公司制企业等组织形式。

部门是企业完成一类业务的基础单元，是该类业务责任与权力的组合。企业一般需设置董事会、监事会、总经理、财务部、人事部、生产部、仓储部、销售部等。企业经济业务由筹资、采购、生产、销售、利润分配等构成。

会计是以货币为主要计量单位，运用专门的方法，对各单位的经济活动进行核算和监督的一种经济管理活动。会计的基本特征表现为：①会计是一种经济管理活动；②会计以货币为主要计量单位；③会计对各单位的经济活动进行核算和监督。

会计的职能是指会计在经济管理中所具有的功能。会计的基本职能可以概括为对各单位的经济活动进行核算和监督。

会计职业道德是指在会计职业活动中应遵循的、体现会计职业特征的、调整会计职业关系的职业行为准则和规范。我国的会计职业道德规范主要包括以下 8 个方面的内容：爱岗敬业、诚实守信、廉洁自律、客观公正、坚持准则、提高技能、参与管理和强化服务。

第2章　认知和填制原始凭证

学习目标

1. 能够掌握会计数字的书写方法。
2. 能够叙述原始凭证的概念和种类。
3. 能够理解原始凭证的填制要求。
4. 能够掌握常用原始凭证的填制。
5. 能够掌握原始凭证审核的内容。

学习要点

1. 会计数字书写的方法。
2. 原始凭证填制的方法。
3. 原始凭证审核的内容。

2.1　会计数字的书写

会计人员每天都要与数字打交道，“写”和“算”是会计人员的基本功，会计数字的书写有别于平时数字的书写，会计数字不仅要写对，而且要写得规范、美观。会计工作中的数字书写包括阿拉伯数字的书写（又称小写数字书写）和大写数字的书写。

2.1.1　阿拉伯数字的书写

阿拉伯数字是世界各国通用数字，在会计记录中普遍使用，通常由阿拉伯数字 0、1、2、3、4、5、6、7、8、9 组成。阿拉伯数字书写要求如下。

1）书写数字时应自上而下，先左后右，每个数字大小均匀，数字之间的排列空隙应当保持等距，笔画流畅，每个数字独立成形，不能连笔书写。

2）在账表凭证上书写阿拉伯数字应使用斜体，斜度大约以 60°为准，数字高度约占账表凭证金额分位格的 1/2，这样既美观又便于改错。阿拉伯数字的规范书写如图 2-1 所示。

图 2-1　阿拉伯数字的规范书写

3）除“7”和“9”上低下半格的 1/4，下伸至次行上半格的 1/4 处外，其他数字都要靠在底线上书写；“0”既不要写得太小（以防将“0”改为“6”“8”“9”），也不要有缺口（以防将“0”改为“3”）；“1”的下端应紧靠分位格的左下角；“4”的顶部不封口，并注意中竖是最关键的一笔，斜度应为60°，否则“4”就写成正体了；“6”的上半部分应斜伸出上半格的1/4的高度；写“8”时，上边要稍小，下边应稍大，注意起笔应斜成“S”形，终笔与起笔交接处应成棱角（以防将“3”改为“8”）。

4）书写数字应从最高位起，后面各分位格数字必须写完整。例如，人民币贰万肆仟陆佰元整，应写成：

亿	千	百	十	万	千	百	十	元	角	分
			¥	2	4	6	0	0	0	0

而不能写成：

亿	千	百	十	万	千	百	十	元	角	分
			¥	2	4	6	0	0		

2.1.2 大写数字的书写

大写数字书写要求如下。

1）大写金额数字应采用正楷字体或者行书字体书写。大写金额数字主要用于发票、支票、汇票、本票等重要会计凭证。为了易于辨认，防止涂改，大写金额数字一律采用正楷字体或行书字体书写，如壹（壹）、贰（贰）、叁（叁）、肆（肆）、伍（伍）、陆（陆）、柒（柒）、捌（捌）、玖（玖）、拾（拾）、佰（佰）、仟（仟）、万（万）、亿（亿）、圆或元（圆或元）、角（角）、分（分）、零（零）、整或正（整或正）等字样。

2）大写金额前，若没有印刷“人民币”字样，书写时应在大写金额前冠以“人民币”字样。“人民币”字样与大写金额首位之间不得留有空格。例如“¥5 281.67”，大写金额应写成“人民币伍仟贰佰捌拾壹元陆角柒分”。

3）表示数位的文字前必须书写数字。例如“¥15.56”，大写金额应写成“人民币壹拾伍元伍角陆分”，而不能写成“人民币拾伍元伍角陆分”。

4）人民币以元为单位时，元后无角无分或有角无分时，应在大写金额后加“整”或“正”字；有角有分则不必加“整”或“正”字。例如“¥621.00”，大写金额应写成“人民币陆佰贰拾壹元整”；“¥8 761.60”，大写金额应写成“人民币捌仟柒佰陆拾壹元陆角整”；“¥17.65”，大写金额应写成“人民币壹拾柒元陆角伍分”。

5）阿拉伯数字中间相邻两个或两个以上“0”时，可只写一个“零”字。例如“¥6 001.23”，大写金额应写成“人民币陆仟零壹元贰角叁分”。

6）阿拉伯数字万位是“0”或元位是“0”，或者金额数字中间连续有多个“0”，且万位、元位也是“0”，但千位、角位不是“0”时，大写金额可以只写一个“零”，也可以不写“零”。例如“¥8 320.92”，大写金额可写成“人民币捌仟叁佰贰拾元玖角贰分”，也可写

成“人民币捌仟叁佰贰拾元零玖角贰分”；“¥107 000.53”，大写金额可写成“人民币壹拾万柒仟元伍角叁分”，或“人民币壹拾万零柒仟元零伍角叁分”，或“人民币壹拾万零柒仟元伍角叁分”，或“人民币壹拾万柒仟元零伍角叁分”。

2.2　常用原始凭证及其填制

2.2.1　财务部门常用原始凭证及其填制

财务部门常用的原始凭证包括支票、银行进账单、电汇凭证、收款收据、现金交款单等。

1. 支票的填制

（1）支票及其种类

支票是出票人签发的，委托办理支票存款业务的银行在见票时无条件支付确定的金额给收款人或者持票人的票据。支票可以分为现金支票、转账支票和普通支票 3 种。

1）现金支票。它是指支票上印有“现金”字样的支票，该种支票只能用于支取现金。

2）转账支票。它是指支票上印有“转账”字样的支票，该种支票只能用于转账。

3）普通支票。它是指支票上未印有“现金”或“转账”字样的支票，该种支票既能用于支取现金，也能用于转账。在普通支票左上角划有两条 45° 倾角的平行线的为划线支票，划线支票只能用于转账，不得支取现金。

（2）支票的签发

一般而言，支票应由出纳人员填写支票上的各要素，由财务部门负责人审核并加盖预留银行印鉴。签发支票必须使用碳素墨水或墨汁填写，或用专用的支票打印机打印。支票填写的项目与要求见表 2-1。

表 2-1　支票填写的项目与要求

序号	填写项目	填写要求
1	出票日期	填写实际出票日期，支票联出票日期必须使用大写数字，存根联出票日期用阿拉伯数字填写
2	收款人	填写收款单位的全称，若是提取现金，收款人填写本企业的名称
3	付款行名称	填写出票人的开户银行及其支行的名称
4	出票人账号	填写出票人的银行账号
5	大小写金额	按大小写金额数字要求进行书写
6	用途	按实际付款的用途进行书写，如支付货款
7	出票人签章	加盖预留银行印鉴
8	普通支票划线	在普通支票左上角划两条 45° 倾角的平行线

支票填写式样如图 2-2 所示。

中国建设银行支票存根
（粤）
GS 07384051
附加信息

出票日期 2019年08月10日
收款人：广州市智道律师事务所
金 额：¥2 120.00
用 途：支付律师咨询费
单位主管 会计

付款期限自出票之日起十天

中国建设银行支票（粤） GS 07384051
出票日期（大写） 贰零壹玖年捌月零壹拾日 付款行名称：中国建设银行东环支行
收款人：广州市智道律师事务所 出票人账号：11682674052

人民币（大写）	千	百	十	万	千	百	十	元	角	分
贰仟壹佰贰拾元整				¥	2	1	2	0	0	0

用途 支付律师咨询费
上列款项请从
我账户内支付
出票人签章
广东新光家居有限公司财务专用章
郑裕欣
密码
行号
复核 记账

图 2-2 支票填写式样

知识拓展 2-1

出票日期大写的要求

支票联出票日期必须使用大写数字填写。为防止变造出票日期，在填写月、日时，月为壹、贰或壹拾的，日为壹至玖或壹拾、贰拾、叁拾的，应在其前加“零”，日为拾壹至拾玖的，应在其前加“壹”。例如2019年1月15日，应写成“贰零壹玖年零壹月壹拾伍日”；2019年10月5日，应写成“贰零壹玖年零壹拾月零伍日”。

知识拓展 2-2

签发提现支票与转账支票的区别

如果签发支票提取现金，应在“收款人”栏填写本单位名称，并在支票背面写上出纳人员的个人信息（身份证号码、个人签名等）和在背书人签章处加盖预留银行印鉴，这样才能到银行办理取款。如果签发转账支票，应在支票左上角划两条45°倾角的平行线，签发支票办理转账，应将支票交给收款人，由其办理结算。

知识拓展 2-3

空头支票

空头支票是指出票人签发的支票金额超过其付款时在付款人处实有的存款金额的支票。出票人禁止签发空头支票，不得签发与其预留本名的签名式样或者印鉴不符的支票。

签发空头支票，签章与预留银行签章不符的支票，使用支付密码的地区，支付密码错误的支票，银行应予以退票，并按票面金额处以5%但不低于1 000元的罚款；持票人有权要求出票人赔偿支票金额2%的赔偿金。

（3）支票的背书

收款单位出纳人员收到付款单位交来的支票后，应立即对支票各要素进行审查，审查无误后应在提示付款期内及时提示付款。

1）对于受理现金支票的，应在支票背面“背书人签章”栏盖上预留银行印鉴，记载背书日期和个人证件名称、号码、发证机关，然后向银行提取现金。现金支票背书式样如图2-3所示。

附加信息：	被背书人：	被背书人：
谢晓霞 身份证：440102198110252652	广东新光家居有限公司财务专用章　郑裕欣 背书人签章 2019年6月12日	背书人签章 年　月　日

图2-3　现金支票背书式样

2）对于受理转账支票的，应做委托收款背书，在支票背面“背书人签章”栏盖上预留银行印鉴，记载“委托收款”字样、背书日期，在“被背书人”栏记载开户银行名称，并填写银行进账单，然后将支票和银行进账单送交开户银行。转账支票背书式样如图2-4所示。

附加信息：	被背书人：中国建设银行东环支行	被背书人：
	委托收款 广东新光家居有限公司财务专用章　郑裕欣 背书人签章 2019年6月12日	背书人签章 年　月　日

图2-4　转账支票背书式样

知识拓展2-4

支票提示付款期限

支票提示付款期限为自出票之日起10日，但中国人民银行另有规定的除外。超过提示付款期限提示付款的，持票人开户银行不予受理，付款人不予付款。支票提示付款期限内付款人不予付款的，出票人仍应当对持票人承担票据责任。

2. 银行进账单的填制

银行进账单是收款单位在开户银行存入来自外单位的转账支票、银行汇票、银行本票等票据款项时填制的单据。银行进账单填写的项目与要求见表2-2。银行进账单填写式样如图2-5所示。

表2-2 银行进账单填写的项目与要求

序号	填写项目	填写要求
1	日期	日期用阿拉伯数字填写
2	出票人	填写出票人的信息，包括单位全称、账号、开户银行
3	收款人	填写收款单位的信息，包括单位全称、账号、开户银行
4	大小写金额	按大小写金额数字要求进行书写
5	票据种类	填写结算票据的类别，如支票、银行汇票、银行本票等
6	票据号码	填写结算票据的号码
7	票据张数	票据张数用大写数字填写

中国建设银行**进账单** （回　单）　1

2019年08月06日

出票人	全　称	广东西丽建材有限公司	收款人	全　称	广东新光家居有限公司
	账　号	11606313052		账　号	11682674052
	开户银行	中国建设银行西丽支行		开户银行	中国建设银行东环支行
金额	人民币（大写）	叁仟伍佰伍拾陆元整		亿千百十万千百十元角分	¥355600
票据种类	支票	票据张数	壹		中国建设银行股份有限公司 广州东环支行 2019.08.06 办讫章 （2）
票据号码	13024051				
复核		记账			开户银行盖章

图2-5 银行进账单填写式样

3. 电汇凭证的填制

电汇凭证是付款企业将一定款项交付汇款银行，由汇款银行通过电报方式传给汇入银行，汇入银行再向收款人支付确定金额的交款凭证。电汇凭证填写的项目与要求见表2-3。电汇凭证填写式样如图2-6所示。

表2-3 电汇凭证填写的项目与要求

序号	填写项目	填写要求
1	日期	日期用阿拉伯数字填写
2	汇款人	填写汇款人的信息，包括单位全称、账号或住址、汇出地点、汇出行名称
3	收款人	填写收款人的信息，包括单位全称、账号或住址、汇入地点、汇入行名称
4	大小写金额	按大小写金额数字要求进行书写
5	汇款用途	按实际汇款的用途进行书写，如支付货款

电 汇 凭 证（回单）　　1　　No 006890501

第　　号　　　　　　　　　　　　　　　　委托日期　2019 年 08 月 02 日

汇款人	全 称	广东新光家居有限公司			收款人	全 称	广东梅江木材有限公司		
	账 号或住址	11682674052				账 号或住址	18722683058		
	汇 出地 点	番禺区	汇出行名 称	中国建设银行东环支行		汇 入地 点	梅州	汇入行名 称	中国银行梅江支行
金额	人民币（大写）	贰拾肆万零陆佰玖拾元整							
汇款用途：购买材料									
上列款项已根据委托办理，如需查询，请持此回单来行面谈。					（汇出行盖章）				

千	百	十	万	千	百	十	元	角	分
	¥	2	4	[illegible]	6	9	0	0	0

中国建设银行股份有限公司　广州东环支行　2019.08.02　办讫章　（2）

图 2-6　电汇凭证填写式样

4. 收款收据的填制

收款收据是指企业在不需要或暂时无法开具发票时开具的收款凭据。收款收据填写的项目与要求见表 2-4。收款收据填写式样如图 2-7 所示。

表 2-4　收款收据填写的项目与要求

序号	填写项目	填写要求
1	日期	日期用阿拉伯数字填写
2	经济事项描述	按实际收款事由填写
3	大小写金额	按大小写金额数字要求进行书写
4	单位盖章	加盖单位收款专用章或财务专用章

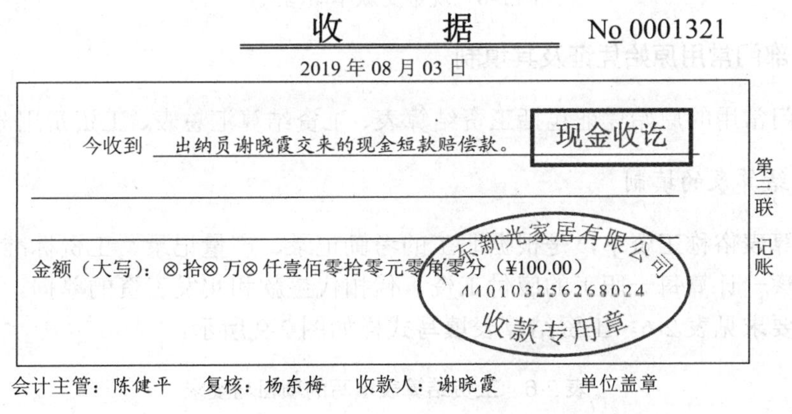

收　　据　　No 0001321

2019 年 08 月 03 日

今收到　出纳员谢晓霞交来的现金短款赔偿款。　现金收讫

金额（大写）：⊗拾⊗万⊗仟壹佰零拾零元零角零分（¥100.00）

广东新光家居有限公司　440103256268024　收款专用章

第三联　记账

会计主管：陈健平　　复核：杨东梅　　收款人：谢晓霞　　单位盖章

图 2-7　收款收据填写式样

5. 现金交款单的填制

现金交款单是指企业将销货收到的现金和超出库存现金限额的现金送存银行所填制的

单据。现金交款单填写的项目与要求见表 2-5。现金交款单填写式样如图 2-8 所示。

表 2-5 现金交款单填写的项目与要求

序号	填写项目	填写要求
1	日期	日期用阿拉伯数字填写
2	币别	填写货币的类别，如人民币
3	收款单位	填写单位的全称
4	交款人	填写单位出纳的姓名
5	账号	填写单位的银行账号
6	款项来源	填写现金的来源，如货款、备用金
7	大小写金额	按大小写金额数字要求进行书写

中国建设银行 China Construction Bank　　现金交款单

币别：人民币　　2019 年 08 月 04 日　　流水号：0020130546

单位填写	收款单位	广东新光家居有限公司	交款人	谢晓霞
	账号	11682674052	款项来源	货款
	人民币（大写）	伍佰陆拾元整	亿 千 百 十 万 千 百 十 元 角 分	¥ 5 6 0 0 0
银行确认栏	本交款单的现金，业已如数收讫。			中国建设银行股份有限公司 广州东环支行 2019.08.04 办讫章 (4) 现金回单（无银行打印记录及银行签章此单无效）

第二联 客户回单

复核：　　录入：　　出纳：

图 2-8 现金交款单填写式样

2.2.2 人事部门常用原始凭证及其填制

人事部门常用的原始凭证包括工资结算表、工资结算汇总表、工资费用分配汇总表等。

1. 工资结算表的填制

工资结算表俗称工资单，是根据职工的考勤记录、产量记录、工资标准、奖金、津贴等原始凭证逐一计算每一职工的应付工资、代扣代垫款和实发工资的单据。工资结算表填写的项目与要求见表 2-6。工资结算表填写式样如图 2-9 所示。

表 2-6 工资结算表填写的项目与要求

序号	填写项目	填写要求
1	日期	日期用阿拉伯数字填写
2	编号姓名	填写职工的编号与姓名
3	工资项目	按实际填写职工各工资项目金额

工资结算表

年　月　　　　单位：元

编号	姓名	日工资	计时工资	计件工资	奖金	加班工资	津贴补贴		缺勤扣款				应付工资	代扣款			代垫款			实发工资
							夜班津贴	岗位补贴	事假天数	事假扣款	病假天数	病假扣款		住房公积金	社会保险费	个人所得税	水费	电费	房租	
1	郑裕欣	300.00	6 600.00		1 000.00	800.00		600.00					9 000.00	120.00	990.00	120.00				8 800.00
合计																				

图 2-9　工资结算表填写式样

2. 工资结算汇总表的填制

企业应根据各车间、部门的工资结算表汇总编制整个企业的工资结算汇总表，并据以进行应付职工薪酬的分类核算。工资结算汇总表填写的项目与要求见表 2-7。工资结算汇总表填写式样如图 2-10 所示。

表 2-7　工资结算汇总表填写的项目与要求

序号	填写项目	填写要求
1	日期	日期用阿拉伯数字填写
2	部门或用途	填写职工所在的部门或工资费用开支用途
3	工资项目	按实际汇总填写职工各工资项目金额

工资结算汇总表

2019 年 3 月　　　　单位：元

部门或用途		基本工资	工资性津贴补贴	奖金	应付工资	代扣款			实发工资
						保险费	住房公积金	个人所得税	
生产工人	书桌	14 150.00	960.00	1 680.00	16 790.00	1 846.90	1 343.20	83.95	13 515.95
	餐桌	11 710.00	680.00	1 380.00	13 770.00	1 514.70	1 101.60	68.85	11 084.85
	沙发	19 230.00	1 230.00	2 270.00	22 730.00	2 500.30	1 818.40	113.65	18 297.65
车间管理人员		7 250.00	460.00	890.00	8 600.00	946.00	688.00	43.00	6 923.00
行政管理人员		6 780.00	420.00	760.00	7 960.00	875.60	636.80	39.80	6 407.80
销售人员		14 230.00	1 790.00	2 630.00	18 650.00	2 051.50	1 492.00	93.25	15 013.25
合计		73 350.00	5 540.00	9 610.00	88 500.00	9 735.00	7 080.00	442.50	71 242.50

会计主管：陈健平　　　　会计：杨东梅　　　　制单：梁芳

图 2-10　工资结算汇总表填写式样

3. 工资费用分配汇总表的填制

企业应于月份终了，按照工资费用分配汇总表对本月工资费用进行分配，计入相关资产成本或当期损益。工资费用分配汇总表填写的项目与要求见表 2-8。工资费用分配汇总表填写式样如图 2-11 所示。

表 2-8　工资费用分配汇总表填写的项目与要求

序号	填写项目	填写要求
1	日期	日期用阿拉伯数字填写
2	应借科目	填写工资费用应记入的会计科目
3	工资金额	按实际汇总填写职工各工资金额

工资费用分配汇总表

2019 年 3 月　　单位：元

应借科目		生产工人	车间管理	行政管理	销售人员	合计
生产成本	书桌	16 790.00				16 790.00
	餐桌	13 770.00				13 770.00
	沙发	22 730.00				22 730.00
制造费用			8 600.00			8 600.00
管理费用				7 960.00		7 960.00
销售费用					18 650.00	18 650.00
合计		53 290.00	8 600.00	7 960.00	18 650.00	88 500.00

会计主管：陈健平　　会计：杨东梅　　制单：梁芳

图 2-11　工资费用分配汇总表填写式样

2.2.3　生产部门常用原始凭证及其填制

生产部门常用的原始凭证包括借据、费用报销单、完工产品成本计算表等。

1. 借据的填制

借据是指本单位员工因公外出，需要支付费用而向单位预借资金时所填写的单据。借据填写的项目与要求见表 2-9。借据填写式样如图 2-12 所示。

表 2-9　借据填写的项目与要求

序号	填写项目	填写要求
1	日期	日期用阿拉伯数字填写
2	借款人	填写借款职工的姓名
3	借款事由	按实际借款事由填写
4	借款金额	按大小写金额数字要求进行书写
5	负责人审批	签署审批意见，并签名

借　　据　　№ 0001045

2019 年 8 月 17 日

借款人	李天明	借款事由	外出采购
借款金额	人民币（大写）：⊗拾⊗万贰仟零佰零拾零元零角零分　¥2 000.00		
负责人审批	同意　郑晓敏	现金付讫	

第三联　记账

会计主管：陈健平　　复核：杨东梅　　出纳：谢晓霞　　签收：李天明

图 2-12　借据填写式样

2. 费用报销单的填制

费用报销单是指企业内部各部门或个人因公发生的费用报销所使用的单据。费用报销单填写的项目与要求见表 2-10。费用报销单填写式样如图 2-13 所示。

表 2-10　费用报销单填写的项目与要求

序号	填写项目	填写要求
1	日期	日期用阿拉伯数字填写
2	报销部门	按职工所在部门填写
3	报销人	填写报销职工的姓名
4	费用项目	填写报销费用的用途
5	金额	按大小写金额数字要求进行书写
6	负责人审批	签署审批意见，并签名

费用报销单

2019 年 6 月 9 日

报销部门	管理部门	报销人	陈晓林
费用项目	单据张数	金额（元）	备注
汽油费	1	339.00	
			现金付讫
合计		¥339.00	
金额（大写）　人民币叁佰叁拾玖元整			
单位领导审批：同意 郑裕欣		部门主管审批：同意 郑晓敏	

会计主管：陈健平　　复核：杨东梅　　出纳：谢晓霞　　领款人：陈晓林

图 2-13　费用报销单填写式样

3. 完工产品成本计算表的填制

完工产品成本计算表是指企业计算完工产品成本的原始单据。完工产品成本计算表填写的项目与要求见表 2-11。完工产品成本计算表填写式样如图 2-14 所示。

表 2-11　完工产品成本计算表填写的项目与要求

序号	填写项目	填写要求
1	日期	日期用阿拉伯数字填写
2	产品名称	填写完工产品的名称
3	完工产品数量	填写完工产品的数量
4	成本项目	按项目分别填写产品成本金额

完工产品成本计算表

2019 年 8 月 31 日　　单位：元

产品名称：书桌（张）　　完工产品数量：1000

项目	直接材料	直接人工	制造费用	合计
期初在产品成本	102 097.80	51 635.31	9 736.50	163 469.61
本月生产费用	218 508.89	184 653.00	35 710.91	438 872.80
生产费用合计	320 606.69	236 288.31	45 447.41	602 342.41
完工产品总成本	236 236.51	200 487.06	38 561.44	475 285.01
完工产品单位成本	16.87	14.32	2.75	33.94
期末在产品成本	84 370.18	35 801.25	6 885.97	127 057.40

会计主管：陈健平　　复核：杨东梅　　制表：梁芳

图 2-14　完工产品成本计算表填写式样

2.2.4　仓储部门常用原始凭证及其填制

仓储部门常用的原始凭证包括收料单、领料单、发出材料汇总表、产成品入库单、产品出库单、产品销售成本汇总表等。

1. 收料单的填制

收料单是指企业原材料、辅助材料等材料物资验收入库所使用的单据。收料单填写的项目与要求见表 2-12。收料单填写式样如图 2-15 所示。

表 2-12　收料单填写的项目与要求

序号	填写项目	填写要求
1	日期	日期用阿拉伯数字填写
2	材料名称	填写验收入库材料的名称
3	规格型号	填写验收入库材料的规格型号
4	单位	填写验收入库材料的计量单位
5	应收数量与实收数量	填写验收入库材料的应收数量与实收数量
6	金额	填写验收入库材料的金额

收　料　单

2019 年 6 月 1 日　　收字第 4 号

材料名称	规格型号	单位	应收数量	实收数量	金额（元）
木条		根	2 000	2 000	50 000.00

仓库主管：陈德明　　复核：杨东梅　　发料：朱永材　　制单：梁芳

图 2-15　收料单填写式样

2. 领料单的填制

领料单是指企业生产等部门领用原材料、辅助材料等材料物资所使用的单据。领料单填写的项目与要求见表 2-13。领料单填写式样如图 2-16 所示。

表 2-13 领料单填写的项目与要求

序号	填写项目	填写要求
1	日期	日期用阿拉伯数字填写
2	用途	填写领用材料的用途
3	材料名称	填写领用材料的名称
4	规格型号	填写领用材料的规格型号
5	单位	填写领用材料的计量单位
6	请领数量和实发数量	填写领用材料的请领数量和实发数量
7	金额	填写领用材料的金额

领 料 单

用途：生产书桌　　2019 年 8 月 20 日　　领字第 3 号

材料名称	规格型号	单位	请领数量	实发数量	金额（元）
木条		根	630	630	
木板		块	270	270	
油漆		桶	27	27	

仓库主管：陈德明　　复核：杨东梅　　发料：朱永材　　制单：梁芳

图 2-16 领料单填写式样

3. 发出材料汇总表的填制

月份终了，企业应根据领料单等发料凭证编制发出材料汇总表，据以进行材料发出的总分类核算。发出材料汇总表填写的项目与要求见表 2-14。发出材料汇总表填写式样如图 2-17 所示。

表 2-14 发出材料汇总表填写的项目与要求

序号	填写项目	填写要求
1	日期	日期用阿拉伯数字填写
2	部门/用途	填写领用材料的部门/用途
3	数量	填写领用材料的总数量
4	单价	填写领用材料的单位成本
5	金额	填写领用材料的总金额

发出材料汇总表

2019 年 8 月 31 日　　金额单位：元

部门/用途	木条			木板			油漆			合计
	数量	单价	金额	数量	单价	金额	数量	单价	金额	
书桌	2 030	25.00	50 750.00	870	80.00	69 600.00	87	280.00	24 360.00	144 710.00
餐桌	2 100	25.00	52 500.00	840	80.00	67 200.00	126	280.00	35 280.00	154 980.00
销售	250	25.00	6 250.00							6 250.00
合计			109 500.00			136 800.00			59 640.00	305 940.00

会计主管：陈健平　　复核：杨东梅　　制表：梁芳

图 2-17 发出材料汇总表填写式样

4. 产成品入库单的填制

产成品入库单是指企业产品完工入库所使用的单据。产成品入库单填写的项目与要求见表 2-15。产成品入库单填写式样如图 2-18 所示。

表 2-15　产成品入库单填写的项目与要求

序号	填写项目	填写要求
1	日期	日期用阿拉伯数字填写
2	产品名称	填写验收入库产品的名称
3	规格型号	填写验收入库产品的规格型号
4	单位	填写验收入库产品的计量单位
5	应收数量与实收数量	填写验收入库产品的应收数量与实收数量
6	金额	填写验收入库产品的金额

产成品入库单

2019 年 8 月 11 日　　收字第 501 号

产品名称	规格型号	单位	应收数量	实收数量	金额（元）
书桌		张	280	280	

仓库主管：陈德明　　复核：朱永材　　验收：李怡华　　制单：梁芳

图 2-18　产成品入库单填写式样

5. 产品出库单的填制

产品出库单是指企业各部门领用或实现产品销售后发出产品而使用的单据。产品出库单填写的项目与要求见表 2-16。产品出库单填写式样如图 2-19 所示。

表 2-16　产品出库单填写的项目与要求

序号	填写项目	填写要求
1	日期	日期用阿拉伯数字填写
2	产品名称	填写发出产品的名称
3	规格	填写发出产品的规格
4	型号	填写发出产品的型号
5	单位	填写发出产品的计量单位
6	数量	填写发出产品的数量
7	单位成本	填写发出产品的单位成本
8	金额	填写发出产品的金额

产品出库单

2019 年 8 月 9 日　　第 5 号

产品名称	规格	型号	单位	数量	单位成本	金额（元）
书桌			张	200		
餐桌			套	120		

仓库主管：陈德明　　复核：杨东梅　　发货：朱永材　　制单：梁芳

图 2-19　产品出库单填写式样

6. 产品销售成本汇总表的填制

月份终了，企业应根据产品出库单等销货凭证编制产品销售成本汇总表（或产品发出汇总表），汇总出本月已销产品数量；再根据发出产品的单位成本计算确定本月已销产品的实际成本。产品销售成本汇总表填写的项目与要求见表2-17。产品销售成本汇总表填写式样如图2-20所示。

表2-17　产品销售成本汇总表填写的项目与要求

序号	填写项目	填写要求
1	日期	日期用阿拉伯数字填写
2	产品名称	填写销售产品的名称
3	计量单位	填写销售产品的计量单位
4	销售量	填写销售产品的总数量
5	单位成本	填写销售产品的单位成本
6	总成本	填写销售产品的总成本

产品销售成本汇总表

2019年8月　　　　金额单位：元

产品名称	计量单位	销售量	单位成本	总成本
书桌		650	350.00	227 500.00
餐桌		460	560.00	257 600.00
合计				485 100.00

图2-20　产品销售成本汇总表填写式样

2.2.5　销售部门常用原始凭证及其填制

销售部门常用的原始凭证包括增值税专用发票、增值税普通发票等。

1. 增值税专用发票的填制

增值税专用发票是指企业销售货物、提供应税劳务或服务给增值税一般纳税人时所开具的一种发票。增值税专用发票有三联的基本联次，分别是记账联（作为销售方记账凭证）、抵扣联（作为购买方扣税凭证）和发票联（作为购买方记账凭证）。增值税专用发票填写的项目与要求见表2-18。增值税专用发票填写式样如图2-21所示。

表2-18　增值税专用发票填写的项目与要求

序号	填写项目	填写要求
1	日期	日期用阿拉伯数字填写
2	购买方	填写购买方的名称、纳税人识别号、地址、电话、开户行及账号
3	销售方	填写销售方的名称、纳税人识别号、地址、电话、开户行及账号
4	货物或应税劳务、服务信息	填写销售货物或应税劳务、服务的名称、规格型号、单位、数量、单价、金额、税率及税额
5	价税合计	按大小写金额数字要求进行书写
6	销售方盖章	抵扣联和发票联需加盖销售方的发票专用章或财务专用章

4601041141 广东增值税专用发票 № 201307501

此联不作报销、扣税凭证使用

开票日期：2019 年 08 月 09 日

购买方	名　　称：广东河滨家居有限公司 纳税人识别号：440306208235036 地址、电话：顺德区河滨南路 9 号　0750-67697282 开户行及账号：中国银行河滨支行 13657443031				密码区	（略）		
货物或应税劳务、服务名称	规格型号	单位	数量	单价	金额		税率	税额
*家具*书桌		张	200	480.00	96 000.00		13%	12 480.00
*家具*餐桌		套	120	840.00	100 800.00		13%	13 104.00
合　　计					¥196 800.00			¥25 584.00
价税合计（大写）	⊗贰拾贰万贰仟叁佰捌拾肆圆整				（小写）¥222 384.00			
销售方	名　　称：广东新光家居有限公司 纳税人识别号：440103256268024 地址、电话：番禺区东环路 120 号　020-56327581 开户行及账号：中国建设银行东环支行 11682674052				备注			

第一联：记账联　销售方记账凭证

收款人：谢晓霞　　复核：杨东梅　　开票人：王耀林　　销售方：（章）

图 2-21　增值税专用发票填写式样

2. 增值税普通发票的填制

增值税普通发票是指企业销售货物、提供应税劳务或服务给小规模纳税人或个人时所开具的一种发票。增值税普通发票有两联的基本联次，分别是记账联（作为销售方记账凭证）和发票联（作为购买方记账凭证）。增值税普通发票填写的项目与要求见表 2-19。增值税普通发票填写式样如图 2-22 所示。

表 2-19　增值税普通发票填写的项目与要求

序号	填写项目	填写要求
1	日期	日期用阿拉伯数字填写
2	购买方	填写购买方的名称、纳税人识别号、地址、电话、开户行及账号
3	销售方	填写销售方的名称、纳税人识别号、地址、电话、开户行及账号
4	货物或应税劳务、服务信息	填写销售货物或应税劳务、服务的名称、单位、数量、单价、金额、税率及税额
5	价税合计	按大小写金额数字要求进行书写
6	销售方盖章	发票联需加盖销售方的发票专用章或财务专用章

4389541528　　　　　　№ 289361652

成品油　　　　　　开票日期：2019 年 06 月 09 日

购买方	名　　称：广东新光家居有限公司 纳税人识别号：440103256268024 地址、电话：番禺区东环路 120 号　020-56327581 开户行及账号：中国建设银行东环支行 11682674052					密码区	（略）	
货物或应税劳务、服务名称	规格型号	单位	数量	单价	金额	税率	税额	
*汽油*95 汽油（国Ⅴ）		升	41.958	7.15	300.00	13%	39.00	
合　　计					¥300.00		¥39.00	
价税合计（大写）	⊗叁佰叁拾玖圆整					（小写）¥339.00		
销售方	名　　称：中国石油广州有限公司 纳税人识别号：440108968668986 地址、电话：广州市中山大道 108 号　020-86989858 开户行及账号：中国工商银行中山大道支行 11695213256					备注	中国石油广州有限公司 440108968668986 发票专用章	

收款人：陈燕　　　复核：杨晓梅　　　开票人：李晓燕　　　销售方：（章）

第二联：发票联　购买方记账凭证

图 2-22　增值税普通发票填写式样

备注：成品油增值税专用发票、增值税普通发票、增值税电子普通发票左上角应打印“成品油”三个字，“单位”栏应选择“吨”或“升”，“数量”栏为必填项且不为“0”。

知识拓展 2-5

小规模纳税人自行开具增值税专用发票的情形

自 2016 年 11 月 4 日起，全面开展住宿业小规模纳税人自行开具增值税专用发票试点。月销售额超过 3 万元（或季销售额超过 9 万元）的住宿业小规模纳税人提供住宿服务、销售货物或发生其他增值税应税行为，可以通过增值税发票管理新系统自行开具增值税专用发票。

自 2016 年 11 月全面开展住宿业小规模纳税人自行开具专用发票后，又相继扩大到鉴证咨询业、建筑业、工业，以及信息传输、软件和信息技术服务业等行业。

自 2017 年 3 月 1 日起，全国范围内月销售额超过 3 万元（或季销售额超过 9 万元）的鉴证咨询业增值税小规模纳税人提供认证服务、鉴证服务、咨询服务、销售货物或发生其他增值税应税行为，可以通过增值税发票管理新系统自行开具增值税专用发票。

自 2017 年 6 月 1 日起，将建筑业纳入增值税小规模纳税人自行开具增值税专用发票试点范围。月销售额超过 3 万元（或季销售额超过 9 万元）的建筑业增值税小规模纳税人提供建筑服务、销售货物或发生其他增值税应税行为，通过增值税发票管理新系统自行开具增值税专用发票。

自2018年2月1日起，月销售额超过3万元（或季销售额超过9万元）的工业，以及信息传输、软件和信息技术服务业增值税小规模纳税人发生增值税应税行为，可以通过增值税发票管理新系统自行开具增值税专用发票。

2.3 认知原始凭证

2.3.1 原始凭证的概念

原始凭证是指在经济业务发生或完成时取得或填制的，用以记录或证明经济业务发生或完成情况的书面证明（单据），如出差的车船票、采购材料的发票、到仓库领料的领料单等。

原始凭证是会计核算（记账）的基础。真实、合法、合理的原始凭证是进行会计核算的原始资料和主要依据。凡不能证明经济业务发生或完成的各种单据，如购销合同、购料申请单等，均不能作为会计核算的原始凭证。

知识拓展 2-6

会计凭证

会计凭证简称凭证，是指记录经济业务、明确经济责任，作为记账依据的书面证明。填制会计凭证是登记会计账簿的前提和依据，是会计核算工作的初始阶段和基本环节。会计凭证按其填制程序和用途的不同，可分为原始凭证和记账凭证。

2.3.2 原始凭证的类型

1. 按其来源分类

原始凭证按其来源的不同，可分为自制原始凭证和外来原始凭证两种。

1）自制原始凭证。自制原始凭证是指本单位内部经办业务的部门和人员，在执行或完成某项经济业务时所填制的，仅供本单位内部使用的原始凭证，如收料单、领料单、产成品入库单、工资结算表等。

2）外来原始凭证。外来原始凭证是指在经济业务发生或完成时，从其他单位或个人处取得的原始凭证，如飞机票、火车票、银行进账单、购买货物取得的增值税专用发票等。

2. 按其填制手续和内容分类

原始凭证按其填制手续和内容的不同，可分为一次凭证、累计凭证和汇总凭证3种。

1）一次凭证。一次凭证也称一次有效凭证，是指只记载一项经济业务或同时记载若干同类经济业务，填制手续一次完成的原始凭证，如收料单、领料单、增值税专用发票等。

2）累计凭证。累计凭证也称多次有效凭证，是指连续记载一定时期内不断重复发生的同类经济业务，填制手续是在一张凭证中多次进行才能完成的原始凭证，如限额领料单，

如图 2-23 所示。

限额领料单

领料部门：__________　　　　　　　　　　　　　　凭证编号：__________

领料用途：__________　　　　年　　月　　　　　　发料仓库：__________

材料编号	材料名称	规格	计量单位	领料限额	实际领用		
					数量	单价	金额
领料日期	请领数量	实发数量	领料人签章	发料人签章		限额结余	
合计							

图 2-23　限额领料单

3）汇总凭证。汇总凭证也称原始凭证汇总表，是指根据多张同类经济业务的原始凭证定期加以汇总而重新编制的原始凭证，如发出材料汇总表、工资结算汇总表等。

2.3.3　原始凭证的填制要求

原始凭证是填制记账凭证的依据，是会计核算的基础。为了保证原始凭证能够真实、正确、完整、及时地反映经济业务，确保会计核算的质量，填制原始凭证应符合以下要求。

1. 记录真实

原始凭证上填制的日期、业务内容、数量、金额等必须是经济业务实际发生时的真实情况，以保证凭证记载内容的真实可靠。

知识拓展 2-7

原始凭证丢失的处理

从外单位取得的原始凭证如有丢失，应取得原签发单位盖有“财务专用章”的证明，并注明原凭证的号码、所载金额等内容，由经办单位负责人批准后，可代作原始凭证。

对于确实无法取得证明的，如火车票、飞机票等，可由当事人写出详细情况，由经办单位负责人批准后，也可代作原始凭证。

2. 内容齐全

原始凭证必须按规定的格式和内容逐项填写齐全，同时必须有经办部门有关人员的签字或盖章。具体表现为：①日期要按照填制原始凭证的实际日期填写；②单位名称要完整，不能简化；③品名或用途要填写明确，不能含糊不清；④有关人员的签章必须齐全。

知识拓展 2-8

原始凭证的签章

从外单位取得的原始凭证必须盖有填制单位的公章或财务专用章；从个人处取得的原始凭证，必须有填制人员的签名或盖章。

自制原始凭证必须有经办部门负责人或其指定人员的签名或盖章。对外开出的原始凭证，必须加盖本单位的公章或财务专用章。

3. 手续完备

取得的原始凭证必须有完备的手续，以明确经济责任，确保凭证的合法性、真实性。具体表现有：①购买实物的原始凭证，必须有实物的验收证明；②支付款项的原始凭证，必须有收款单位或收款人的收款证明；③销货退回时，除填制退货发票外，必须取得对方的收款收据或开户行的汇款凭证；④各种借出款项的收据，必须附在记账凭证上，收回借款时，应另开出收据或退回收据副本，不得退回原借款收据等。

4. 书写规范

原始凭证上的文字和数字都需要认真填写，字迹清晰，易于辨认，不得使用未经国务院颁布的简化字。凡是填有大写金额和小写金额的原始凭证，大小写金额必须相符。

知识拓展 2-9

原始凭证错误的处理

原始凭证所记载的内容均不得涂改、刮擦、挖补。原始凭证所记载的内容若出现错误的，应当由出具单位重开或更正，并在更正处加盖出具单位的印章；原始凭证金额出现错误的，应由原始凭证开具单位重新开具，不得在原始凭证上更正。对于支票等连续编号的原始凭证，若填写错误，不得在凭证上更正，应加盖“作废”戳记，注销留存，另行重新开具。

5. 填制及时

原始凭证应在经济业务发生或完成时及时填制，并按规定的程序及时传递给财务部门，以便及时审核和记账。

2.3.4 原始凭证的审核

为了正确反映和监督企业的经济业务，财务部门对取得的原始凭证必须进行严格的审核，以保证核算资料的真实、合法、合理、完整、正确和及时。只有经审核无误的原始凭

证，方可作为填制记账凭证的依据。

1. 审核原始凭证的真实性

原始凭证的真实性审核主要指审核原始凭证的日期是否真实、摘要是否真实、业务内容是否真实、数据是否真实等。

2. 审核原始凭证的合法性

原始凭证的合法性审核主要指审核原始凭证所反映的经济业务是否符合有关政策、法规、制度的规定，是否存在贪污腐败等行为。

3. 审核原始凭证的合理性

原始凭证的合理性审核主要指审核原始凭证是否符合生产经营活动的需要，是否符合有关计划、预算和合同的规定。

4. 审核原始凭证的完整性

原始凭证的完整性审核主要指审核原始凭证的内容是否齐全，有无漏记项目，有关签章是否齐全等。

5. 审核原始凭证的正确性

原始凭证的正确性审核主要指审核原始凭证各项金额的计算及填写是否正确，如阿拉伯数字是否连写，大小写金额是否相符，有无刮擦、涂改和挖补现象等。

6. 审核原始凭证的及时性

原始凭证的及时性审核主要指审核原始凭证的填制日期，尤其是支票、银行汇票、银行本票等时效性强的原始凭证，更应仔细审核其签发日期。

知识拓展 2-10

原始凭证审核结果的处理

对于不真实、不合法的原始凭证，会计人员有权不予受理，并向单位负责人报告；对于记载不准确、不完整的原始凭证，会计人员应退回给有关经办人员，由其负责将有关凭证补充完整、更正错误或重开。

本章小结

会计工作中的数字书写包括阿拉伯数字书写（又称小写数字书写）和大写数字书写。阿拉伯数字是世界各国通用数字，在会计记录中普遍使用，通常由阿拉伯数字 0、1、2、3、

4、5、6、7、8、9组成。大写金额数字应采用正楷字体或者行书字体书写。大写金额数字主要用于发票、支票、汇票、本票等重要会计凭证。

财务部门常用的原始凭证包括支票、银行进账单、电汇凭证、收据、现金交款单等。支票是出票人签发的，委托办理支票存款业务的银行在见票时无条件支付确定的金额给收款人或者持票人的票据。

银行进账单是收款单位在开户银行存入来自外单位的转账支票、银行汇票、银行本票等票据款项时填制的单据。电汇凭证，是付款企业将一定款项交付汇款银行，由汇款银行通过电报方式传给汇入银行，汇入银行再向收款人支付确定金额的交款凭证。

收款收据是指企业在不需要或暂时无法开具发票时开具的收款凭据。现金交款单，是指企业将销货收到的现金和超出库存现金限额的现金送存银行所填制的单据。

人事部门常用的原始凭证包括工资结算表、工资结算汇总表、工资费用分配汇总表等。工资结算表，俗称工资单，是根据职工的考勤记录、产量记录、工资标准、奖金、津贴等原始凭证逐一计算每一职工的应付工资、代扣款项、代垫款项和实发工资的单据。

生产部门常用的原始凭证包括借据、费用报销单、完工产品成本计算表等。借据，是本单位员工因公外出，需要支付费用而向单位预借资金时所填写的单据。费用报销单，是指企业内部各部门或个人因公发生的费用报销所使用的单据。完工产品成本计算表，是指企业计算完工产品成本的原始单据。

仓储部门常用的原始凭证包括收料单、领料单、发出材料汇总表、产成品入库单、产品出库单、产品销售成本汇总表等。收料单，是指企业原材料、辅助材料等材料物资验收入库所使用的单据。领料单，是指企业生产等部门领用原材料、辅助材料等材料物资所使用的单据。产成品入库单，是指企业产品完工入库所使用的单据。产品出库单，是指企业各部门领用或实现产品销售后发出产品而使用的单据。

销售部常用的原始凭证包括增值税专用发票、增值税普通发票等。增值税专用发票是指企业销售货物、提供应税劳务或服务给增值税一般纳税人时所开具的一种发票。增值税普通发票是指企业销售货物、提供应税劳务或服务给小规模纳税人或个人时所开具的一种发票。

原始凭证是指在经济业务发生或完成时取得或填制的，用以记录或证明经济业务的发生或完成情况的书面证明（单据）。原始凭证按其来源的不同，可分为自制原始凭证和外来原始凭证两种；原始凭证按其填制手续和内容的不同，可分为一次凭证、累计凭证和汇总凭证3种。

原始凭证是填制记账凭证的依据，是会计核算的基础。为了保证原始凭证能够真实、正确、完整、及时地反映经济业务，确保会计核算的质量，填制原始凭证应符合以下要求：①记录真实；②内容齐全；③手续完备；④书写规范；⑤填制及时。

只有经审核无误的原始凭证，方可作为填制记账凭证的依据。为了正确反映和监督企业的经济业务，财务部门对取得的原始凭证，必须进行严格的审核，以保证核算资料的真实、合法、合理、完整、正确和及时。

第3章　理解会计记账原理

学习目标

1. 能够叙述会计核算的前提和基础。
2. 能够叙述会计核算的方法。
3. 能够理解会计要素的构成和计量。
4. 能够理解会计平衡公式。
5. 能够掌握会计科目和会计账户。
6. 能够掌握借贷记账法。
7. 能够掌握会计分录的编制。
8. 能够掌握账户的平行登记。
9. 能够掌握账户的试算平衡。

学习要点

1. 借贷记账法。
2. 会计分录的编制。
3. 账户的平行登记。
4. 账户的试算平衡。

3.1　会计核算的前提、基础与方法

3.1.1　会计核算的前提

会计核算前提即会计基本假设，是企业会计确认、计量和报告的前提，是对会计核算所处时间、空间环境等所做的合理设定。会计核算前提包括会计主体、持续经营、会计分期和货币计量。

1. 会计主体

会计主体是指企业会计确认、计量和报告的空间范围。明确界定会计主体是开展会计确认、计量和报告的重要前提。只有明确会计主体，才能划定会计所要处理的各项交易或事项的范围。

会计主体可以是一个企业，也可以是企业的一个独立核算部门；可以是法人，也可以是不具备法人资格的组织；可以是一个营利组织，也可以是一个非营利组织。但凡作为会计主体，都应该进行独立核算。

会计主体不同于法律主体。法律主体在法律上具有法人资格。一般而言，法律主体必然是一个会计主体，但会计主体不一定是法律主体。

2. 持续经营

持续经营是指在可以预见的将来，企业将会按当前的规模和状态继续经营下去，不会停业，也不会大规模削减业务。持续经营假设明确了会计工作的时间范围。

在持续经营前提下，会计确认、计量和报告应当以企业持续、正常的生产经营活动为前提，而不考虑企业是否破产清算等。

3. 会计分期

会计分期是指将一个企业持续经营的生产经营活动划分为一个个连续的、长短相同的期间，据以结算盈亏，按期编报财务报告，从而及时向财务报告使用者提供有关企业财务状况、经营成果和现金流量的信息。

我国以日历年度作为会计年度，即从每年的 1 月 1 日至 12 月 31 日为一个会计年度。会计年度确定后，一般按日历确定半年度、季度和月度。凡是短于一个完整会计年度的报告期均称为中期。

4. 货币计量

货币计量是指企业在会计确认、计量和报告时以货币作为计量尺度，反映企业的生产经营活动。企业会计核算应以人民币为记账本位币，业务收支以人民币以外的货币为主的企业，可以选定其中一种货币作为记账本位币，但是编制财务报表时应当折算为人民币。

3.1.2 会计核算的基础

1. 权责发生制

企业会计核算的基础是权责发生制。权责发生制也称应收应付制，是指企业以收入的权利和支出的义务是否归属于本期为标准来确认收入、费用的一种会计核算基础。权责发生制要求，凡是当期已经实现的收入和已经发生或应当负担的费用，无论款项是否收付，都应当作为当期的收入和费用，计入利润表；凡是不属于当期的收入和费用，即使款项已在当期收付，也不应当作为当期的收入和费用。

2. 收付实现制

与权责发生制相对应的一种会计核算基础是收付实现制。收付实现制，也称现收现付制，它以实际收到或支付作为确认收入和费用的标准。收付实现制要求，凡是本期实际收到的款项，不论其是否属于本期实现的收入，都作为本期的收入核算；凡是本期支付的款项，不论其是否属于本期负担的费用，都作为本期的费用核算。

权责发生制与收付实现制下会计核算的比较举例说明见表 3-1。

表 3-1 权责发生制与收付实现制下会计核算的比较举例说明

序号	举例	权责发生制	收付实现制
1	企业于 4 月 10 日销售商品一批，4 月 25 日收到货款	该笔收入属于 4 月实现的收入	该笔收入属于 4 月实现的收入
2	企业于 4 月 10 日销售商品一批，5 月 25 日收到货款	该笔收入属于 4 月实现的收入	该笔收入属于 5 月实现的收入
3	企业于 5 月 12 日购买材料一批，5 月 15 日支付材料款	该笔费用属于 5 月负担的费用	该笔费用属于 5 月负担的费用
4	企业于 5 月 12 日购买材料一批，6 月 15 日支付材料款	该笔费用属于 5 月负担的费用	该笔费用属于 6 月负担的费用

知识拓展 3-1

会计方法

会计方法是用来反映和监督会计对象（即资金运动），完成会计任务的手段。会计方法包括会计核算方法、会计分析方法和会计检查方法等。这些方法既相对独立，又相互联系、相互配合，共同构成统一的方法体系。其中，会计核算方法是基础，会计分析方法是会计核算方法的继续和发展，会计检查方法是会计核算方法和会计分析方法的保证。

会计核算方法是指会计对各单位已经发生的经济活动进行连续、系统和全面地反映与监督所采用的方法。会计分析方法是指利用会计核算提供的信息资料，结合其他有关信息，对各单位的财务状况和经营成果进行的分析和评价。会计检查方法，亦称审计，是指根据会计核算信息检查各单位的经济活动是否合理、合法，会计核算资料是否真实、正确，根据会计核算资料编制的计划、预算是否可行、有效等。

3.1.3 会计核算方法

会计核算方法主要包括设置账户、复式记账、填制和审核凭证、登记账簿、成本计算、财产清查和编制财务报表。

1. 设置账户

账户是指具有一定格式，能连续、系统地记录某一经济业务的增减变动情况及其结果的工具。设置账户就是根据国家统一的会计科目和经济管理的要求，科学地建立账户体系的过程。

2. 复式记账

复式记账是指对发生的每一笔经济业务，都以相等的金额在相互联系的两个或者两个以上账户中进行记录的记账方法。复式记账既可以了解每笔经济业务的具体内容，又可以反映该项经济活动的来龙去脉，完整、系统地记录资金运动的过程和结果。

3. 填制和审核凭证

填制和审核凭证是指填制并审核记录企业经济业务的会计凭证，以核算和监督企业的每一项经济活动和财务收支。

4. 登记账簿

登记账簿是指会计人员根据审核无误的会计凭证，在有关账簿上连续、系统、完整地记录企业各项经济业务的一种专门方法。

5. 成本计算

成本计算是指按照一定的成本计算对象归集生产过程中所发生的各项费用，进而计算该对象的总成本和单位成本的一种专门方法。

6. 财产清查

财产清查是指通过对货币资金、实物资产和往来款项等财产物资进行盘点或核对，确定其实存数，查明账存数与实存数是否相符的一种专门方法。

7. 编制财务报表

编制财务报表是指以报表形式定期总括反映企业一定时期财务状况和经营成果的会计核算方法。

3.2 会计要素

3.2.1 会计要素的概念

会计要素是会计对象的具体化，是对会计对象的基本分类。企业会计的基本要素分为资产、负债、所有者权益、收入、费用和利润 6 项。其中，资产、负债和所有者权益是反映企业财务状况的会计要素，也称资产负债表要素；收入、费用和利润是反映企业一定时期经营成果的会计要素，也称利润表要素。

3.2.2 会计要素的构成

1. 资产

（1）资产的概念及特征

资产是指企业过去的交易或者事项形成的、由企业拥有或者控制的、预期会给企业带来经济利益的资源。资产具有以下特征。

1）资产应为企业拥有或者控制的资源。资产作为一项资源，应当由企业拥有或者控制，具体是指企业享有某项资源的所有权，或者虽然不享有该项资源的所有权，但该资源能被企业所控制。

2）资产预期会给企业带来经济利益。资产预期会给企业带来经济利益，是指资产直接或者间接导致现金和现金等价物流入企业的潜力。这种潜力可以来自企业日常的生产经营活动，也可以是非日常活动。

3）资产是由企业过去的交易或者事项形成的。资产应当由企业过去的交易或者事项形成，过去的交易或者事项包括购买、生产、建造行为或者其他交易或者事项。换句话说，只有过去的交易或者事项才能形成资产，企业预期在未来发生的交易或者事项不形成资产。

（2）资产的构成

资产按其流动性大小可分为流动资产和非流动资产。

1）流动资产是指可以在 1 年或者超过 1 年的一个营业周期内变现或者耗用的资产，主要包括库存现金、银行存款、应收账款、应收票据、存货等。

2）非流动资产是指不能在 1 年或者超过 1 年的一个营业周期内变现或者耗用的资产，主要包括固定资产、无形资产等。

2. 负债

（1）负债的概念及特征

负债是指企业过去的交易或者事项形成的、预期会导致经济利益流出企业的现时义务。负债具有以下特征。

1）负债是企业承担的现时义务。负债必须是企业承担的现时义务，这是负债的一个基本特征。现时义务是指企业在现行条件下已承担的义务。未来发生的交易或者事项形成的义务，不属于现时义务，不应当确认为负债。

2）负债预期会导致经济利益流出企业。负债预期会导致经济利益流出企业，是负债的一个本质特征。企业在履行现时义务清偿负债时，导致经济利益流出企业的形式多种多样，包括用现金偿还或以实物资产偿还，以提供劳务形式偿还，以部分转移资产、部分提供劳务形式偿还等。

3）负债是由企业过去的交易或者事项形成的。负债应当由企业过去的交易或者事项形成。换句话说，只有过去的交易或者事项才形成负债，企业将在未来发生的承诺、签订的合同等交易或者事项，不形成负债。

（2）负债的构成

负债按其偿还期长短可分为流动负债和非流动负债。

1）流动负债是指将在 1 年（含 1 年）或者超过 1 年的一个营业周期内偿还的债务，主要包括短期借款、应付账款、应付票据、应付职工薪酬、应付利息等。

2）非流动负债是指偿还期在1年或者超过1年的一个营业周期以上的债务，主要包括长期借款、应付债券、长期应付款等。

3. 所有者权益

（1）所有者权益的概念及特征

所有者权益是指企业资产扣除负债后由所有者享有的剩余权益。公司的所有者权益又称为股东权益。所有者权益具有以下特征。

1）除非发生减资、清算或分派现金股利，否则企业不需要偿还所有者权益。

2）企业清算时，只有在清偿所有的负债后，所有者权益才返还给所有者。

3）所有者凭借所有者权益能够参与企业利润的分配。

（2）所有者权益的构成

所有者权益通常由实收资本（或股本）、资本公积（含资本溢价或股本溢价、其他资本公积）、盈余公积和未分配利润构成。

知识拓展 3-2

负债与所有者权益的区别

负债与所有者权益都是企业的权益，都体现企业的资金来源，但两者却有本质区别。

1）负债是企业对债权人所承担的经济责任，企业负有偿还的义务；而所有者权益是企业对投资者所承担的经济责任，在一般情况下是不需归还投资者的。

2）债权人只享有按期收回利息和本金的权利，无权参与企业的利润分配和经营管理；投资者既可以参与企业的利润分配，也可以参与企业的经营管理。

3）在企业清算时，负债拥有优先求偿权；而所有者权益则只有在清偿了所有的负债以后，才能返还给投资者。

4. 收入

（1）收入的概念及特征

收入是指企业在日常活动中形成的、会导致所有者权益增加的、与所有者投入资本无关的经济利益的总流入。收入具有以下特征。

1）收入是企业在日常活动中形成的。日常活动是指企业为完成其经营目标所从事的经常性活动及与之相关的活动，如工业企业制造并销售产品、商业企业销售商品、软件企业为客户开发软件、安装公司提供安装服务等。日常活动是确认收入的重要判断标准，凡是日常活动所形成的经济利益的流入都应当确认为收入；反之，非日常活动所形成的经济利益流入不能确认为收入，而应确认为利得（营业外收入）。

2）收入会导致所有者权益的增加。与收入相关的经济利益的流入应当会导致所有者权

益的增加，不会导致所有者权益增加的经济利益的流入不符合收入的定义，不应确认为收入。例如，企业向银行借入款项，应当确认为一项负债。

3）收入是与所有者投入资本无关的经济利益的总流入。收入应当会导致经济利益的流入，从而导致资产的增加。但是，经济利益的流入有时是所有者投入资本的增加所致，所有者投入资本的增加导致经济利益的流入不应当确认为收入，应当将其直接确认为所有者权益。

（2）收入的构成

收入按经营业务主次可分为主营业务收入和其他业务收入。

1）主营业务收入是指企业营业执照上注明的主营业务所取得的收入，如工业企业的产品销售收入、运输企业的运输装卸费收入等。

2）其他业务收入是指企业营业执照上注明的兼营业务所取得的收入，如企业销售材料取得的收入、出租固定资产取得的租金收入等。

5. 费用

（1）费用的概念及特征

费用是指企业在日常活动中发生的、会导致所有者权益减少的、与向所有者分配利润无关的经济利益的总流出。费用具有以下特征。

1）费用是企业在日常活动中发生的。费用必须是企业在日常活动中发生的，日常活动所产生的费用通常包括销售成本（营业成本）、管理费用、销售费用等。企业非日常活动所形成的经济利益的流出不能确认为费用，而应当计入损失（营业外支出）。

2）费用会导致所有者权益的减少。与费用相关的经济利益的流出应当会导致所有者权益的减少，不会导致所有者权益减少的经济利益的流出不符合费用的定义，不应确认为费用。

3）费用导致的经济利益总流出与向所有者分配利润无关。费用的发生应当会导致经济利益的流出，从而导致资产的减少或者负债的增加。企业向所有者分配利润也会导致经济利益的流出，而该流出属于投资者投资回报的分配，是所有者权益的直接抵减项目，不应确认为费用。

（2）费用的构成

费用按其经济用途可分为构成产品成本的费用和期间费用。

1）构成产品成本的费用也称生产成本或生产费用，是指与生产产品有关、应计入产品成本的费用，它是以产品为成本对象进行归集的费用。构成产品成本的费用主要包括直接材料成本、直接人工成本和制造费用。

2）期间费用是指企业当期发生的不能归属于某种产品的成本，应当从当期收入中得到补偿的费用。期间费用包括销售费用、管理费用和财务费用三大类。

知识拓展 3-3

费用与成本的关系

费用与成本都反映资金的耗费，都意味着企业经济利益的减少，也都是由过去已经发生的经济活动引起或形成的。然而费用是和期间相联系的，而成本是和产品相联系的。成本要有实物承担者，而费用一般没有实物承担者。

6. 利润

（1）利润的概念及特征

利润是指企业在一定会计期间的经营成果。利润具有以下特征。

1）利润代表企业能用货币表现的、最终的和综合的经营成果。

2）利润金额取决于收入和费用、直接计入当期利润的利得和损失金额的计量。

（2）利润的构成

利润包括收入减去费用后的净额、直接计入当期利润的利得和损失等。直接计入当期利润的利得和损失是指应当计入当期损益、会导致所有者权益发生增减变动的、与所有者投入资本或者向所有者分配利润无关的利得或者损失。

知识拓展 3-4

利得与损失

利得是指由企业非日常活动所形成的、会导致所有者权益增加的、与所有者投入资本无关的经济利益的流入。损失是指由企业非日常活动所发生的、会导致所有者权益减少的、与向所有者分配利润无关的经济利益的流出。利得与损失包括直接计入所有者权益的利得与损失（即其他综合收益），以及直接计入当期利润的利得（即营业外收入）与损失（即营业外支出）。

3.2.3 会计要素的计量

会计要素的计量，是指对经济交易或事项的价值数量关系进行计算和衡量的过程。企业应当按照规定的会计计量属性进行计量，确定相关金额。会计要素的计量属性主要包括历史成本、重置成本、可变现净值、现值和公允价值等。

1. 历史成本

历史成本又称实际成本，是指取得或制造某项财产物资时所实际支付的现金或现金等价物。在历史成本计量下，资产按照其购置时支付的现金或者现金等价物的金额，或者按照购置资产时所付出的对价的公允价值计量。负债按照其因承担现时义务而实际收到的款项或者资产的金额，或者承担现时义务的合同金额，或者按照日常活动中为偿还负债预期

需要支付的现金或者现金等价物的金额计量。

2. 重置成本

重置成本又称现行成本，是指按照当前市场条件下，重新取得同样一项资产所需支付的现金或者现金等价物金额。在重置成本计量下，资产按照现在购买相同或者相似资产所需支付的现金或者现金等价物的金额计量。负债按照现在偿付该项债务所需支付的现金或者现金等价物的金额计量。重置成本通常应用于盘盈固定资产的计量。

3. 可变现净值

可变现净值是指在正常的生产经营过程中，以资产预计售价减去进一步加工成本和预计销售费用及相关税费后的净值。在可变现净值计量下，资产按照其正常对外销售所能收到的现金或者现金等价物的金额扣除该资产至完工时估计将要发生的成本、估计的销售费用及相关税费后的金额计量。可变现净值通常应用于存货的期末计量。

4. 现值

现值是指对未来现金流量以恰当的折现率进行折现后的价值，是考虑货币时间价值的一种计量属性。在现值计量下，资产按照预计从其持续使用和最终处置中所取得的未来净现金流入量的折现金额计量。负债按照预计期限内需要偿还的未来净现金流出量的折现金额计量。现值通常应用于非流动资产可收回金额和以摊余成本计量的金融资产价值的确定等的计量。

5. 公允价值

公允价值是指在计量日发生的有序交易中，市场参与者出售资产所能收到或者转移负债所需支付的金额。在公允价值计量下，资产和负债按照市场参与者在计量日发生的有序交易中，出售资产所能收到或者转移负债所需支付的价格计量。公允价值通常应用于以公允价值计量且其变动计入当期损益的金融资产、以公允价值计量且其变动计入其他综合收益的金融资产等的计量。

企业在对会计要素进行计量时，一般应当采用历史成本计量。采用重置成本、可变现净值、现值、公允价值计量的，应当保证所确定的会计要素金额能够取得并可靠地计量。

3.2.4 会计平衡公式

会计平衡公式也称会计恒等式、会计等式、会计方程式，是指表明各会计要素之间基本关系的恒等式。

1. 静态会计等式：资产＝负债＋所有者权益

“资产＝负债＋所有者权益”称为静态会计等式，又称为基本会计等式，它是最基本的会计等式，反映企业在某一时点资产、负债和所有者权益要素之间的恒等关系。它是编制资产负债表的理论依据。

（1）静态会计等式的理解

静态会计等式左边的“资产”表示企业拥有的各种不同形态的经济资源；右边的“负债和所有者权益”表示企业所拥有的这些经济资源的资金来源，这些资金或者来源于投资者，形成企业的资本（即所有者权益），或者来源于债权人，形成企业的负债（即债权人权益）。所有者权益和债权人权益统称为权益。由此可见，“资产”和“权益”实际上是企业所拥有经济资源的两种不同的表述，两者存在着必然的恒等关系。

（2）静态会计等式的分析

企业在日常活动中会发生各种各样的经济业务，这些经济业务的发生，会引起企业各项会计要素的增减变动，但无论如何变动、何时变动，“资产＝负债＋所有者权益”的恒等关系不变，只是表现为资产总额与权益（负债和所有者权益）总额的同时增减变化。

资产与权益的变化关系总体上可归纳为以下 4 种类型：①资产与权益同时增加；②资产与权益同时减少；③资产之间有增有减；④权益之间有增有减。

【例 3-1】广东新光家居有限公司（以下简称新光公司）2019 年 4 月 1 日资产、权益（负债和所有者权益）构成情况见表 3-2。

表 3-2 资产、权益构成情况表

2019 年 4 月 1 日　　单位：元

资产	金额	权益	金额
库存现金	20 000.00	短期借款	200 000.00
银行存款	230 000.00	应付账款	400 000.00
应收账款	150 000.00	应付票据	200 000.00
原材料	200 000.00	长期借款	1 400 000.00
库存商品	200 000.00	实收资本	1 400 000.00
固定资产	4 000 000.00	资本公积	1 200 000.00
合计	4 800 000.00	合计	4 800 000.00

2019 年 4 月，新光公司发生以下经济业务，分析“资产＝负债＋所有者权益”的恒等关系是否会发生变化。

1）资产与权益同时增加的经济业务：2019 年 4 月 5 日取得短期借款 200 000 元。

分析：该经济业务使企业资产项目“银行存款”增加了 200 000 元，同时使企业的权益（负债）项目“短期借款”增加了 200 000 元。用会计等式表示如下。

变动前资产	4 800 000.00	＝	变动前权益	4 800 000.00
银行存款	＋200 000.00	＝	短期借款	＋200 000.00
变动后资产	5 000 000.00	＝	变动后权益	5 000 000.00

这笔经济业务使企业的资产总额和权益总额都从 4 800 000 元增加到了 5 000 000 元，资产总额和权益总额保持恒等。

2）资产与权益同时减少的经济业务：2019 年 4 月 12 日以银行存款支付前欠货款

100 000 元。

分析：该经济业务使企业资产项目“银行存款”减少了 100 000 元，同时使企业的权益（负债）项目“应付账款”减少了 100 000 元。用会计等式表示如下。

变动前资产	5 000 000.00	＝	变动前权益	5 000 000.00
银行存款	－100 000.00	＝	应付账款	－100 000.00
变动后资产	4 900 000.00	＝	变动后权益	4 900 000.00

这笔经济业务使企业的资产总额和权益总额都从 5 000 000 元减少到了 4 900 000 元，资产总额和权益总额保持恒等。

3）资产之间有增有减的经济业务：2019 年 4 月 16 日购入原材料 50 000 元，材料已验收入库，货款以银行存款支付。

分析：该经济业务使企业资产项目“原材料”增加了 50 000 元，同时使企业资产项目“银行存款”减少了 50 000 元。用会计等式表示如下。

变动前资产	4 900 000.00	＝	变动前权益	4 900 000.00
原材料	＋50 000.00			
银行存款	－50 000.00			
变动后资产	4 900 000.00	＝	变动后权益	4 900 000.00

这笔经济业务使企业的一项资产增加 50 000 元，另一项资产减少 50 000 元，资产总额和权益总额保持恒等。

4）权益之间有增有减的经济业务：2019 年 4 月 20 日企业以 100 000 元资本公积转增为资本。

分析：该经济业务使企业权益（所有者权益）项目“实收资本”增加了 100 000 元，同时使企业权益（所有者权益）项目“资本公积”减少了 100 000 元。用会计等式表示如下。

变动前资产	4 900 000.00	＝	变动前权益	4 900 000.00
实收资本				＋100 000.00
资本公积				－100 000.00
变动后资产	4 900 000.00	＝	变动后权益	4 900 000.00

这笔经济业务使企业的一项权益增加 100 000 元，另一项权益减少 100 000 元，资产总额和权益总额保持恒等。

2. 动态会计等式：收入－费用＝利润

“收入－费用＝利润”称为动态会计等式，它反映了企业一定期间所取得的经营成果，是编制利润表的理论依据。

企业生产经营活动的目的就是为了获得收入，实现盈利。企业在取得收入的同时，必然要发生相应的费用。一定时期内的收入与费用的差额，若是大于 0，则表示实现了利润；反之，则表示发生了亏损。这表现为收入、费用和利润之间的恒等关系：收入－费用＝利润。

3. 拓展会计等式：资产＝负债＋所有者权益＋利润

企业生产经营活动实现利润，必然增加企业的本年利润（属于所有者权益），随之增加企业的资产；反之，企业生产经营活动发生亏损，必然减少企业的本年利润，随之减少企业的资产。这一恒等关系表现为“资产＝负债＋所有者权益＋利润”，称为拓展会计等式。

将“收入－费用＝利润”代入以上拓展会计等式，则形成：资产＝负债＋所有者权益＋（收入－费用）。公式中“费用”移项至等式左边，又形成：资产＋费用＝负债＋所有者权益＋收入。

3.3　会计科目与会计账户

3.3.1　会计科目

1. 会计科目及会计要素

会计科目是指按经济业务的内容和经济管理的要求对会计要素的具体内容所做的分类。例如，企业生产完工验收入库的产成品，属于企业的资产，其会计科目定义为“库存商品”；企业向银行借入的短期借款，属于企业的负债，其会计科目定义为“短期借款”。

会计要素包括资产、负债、所有者权益、收入、费用和利润 6 项，相应地，会计科目也包括资产类、负债类、所有者权益类、成本类和损益类（包括收入类、费用类和利润类）等类别。

2. 会计科目的分类

会计科目按其提供信息详细程度的不同，可分为总账科目和明细账科目。

1）总账科目也称总分类科目、一级科目，是指对会计要素的具体内容进行总括分类的会计科目，如“银行存款”“原材料”等科目。总账科目原则上由财政部统一制定，以会计核算制度的形式颁布实施，它是进行总分类核算的依据。

2）明细账科目也称明细分类科目、二级及三级科目，是对总账科目所含内容再做详细分类的会计科目。例如，“原材料”科目可按材料的类别设置“A 材料”“B 材料”等明细账科目；“应交税费”科目可按税种分别设置“应交增值税”“应交所得税”“应交消费税”等明细账科目。

3. 会计科目设置原则

1）完整性原则。会计科目设置必须能反映会计对象的全部内容，对会计对象的具体内容进行全面、科学的分类界定，体现会计对象的特点，全面、系统、如实地反映会计对象的不同方面和不同的业务过程。

2）统一性与灵活性相结合原则。总账科目原则上由财政部统一制定。在不影响会计核算要求的前提下，企业可以根据其经营活动的特点自行增设、减少或合并某些会计科目，表现为既统一又有一定的灵活性。

3）稳定性原则。为了保证会计科目能在一定范围内综合汇总，以及在不同时期内进行对比分析，会计科目的设置应保持相对稳定，不应随意变动。企业常用的会计科目及其编号见表 3-3。

表 3-3 常用的会计科目及其编号

科目编号	科目名称	科目编号	科目名称
一、资产类		2211	应付职工薪酬
1001	库存现金	2221	应交税费
1002	银行存款	2231	应付利息
1012	其他货币资金	2232	应付股利
1101	交易性金融资产	2241	其他应付款
1121	应收票据	2501	长期借款
1122	应收账款	三、所有者权益类	
1123	预付账款	4001	实收资本
1131	应收股利	4002	资本公积
1132	应收利息	4101	盈余公积
1221	其他应收款	4103	本年利润
1231	坏账准备	4104	利润分配
1402	在途物资	四、成本类	
1403	原材料	5001	生产成本
1405	库存商品	5101	制造费用
1406	发出商品	5301	研发支出
1411	周转材料	五、损益类	
1511	长期股权投资	6001	主营业务收入
1601	固定资产	6051	其他业务收入
1602	累计折旧	6101	公允价值变动损益
1604	在建工程	6111	投资收益
1605	工程物资	6301	营业外收入
1606	固定资产清理	6401	主营业务成本
1701	无形资产	6402	其他业务成本
1702	累计摊销	6403	税金及附加
1901	待处理财产损溢	6601	销售费用
二、负债类		6602	管理费用
2001	短期借款	6603	财务费用
2201	应付票据	6701	资产减值损失
2202	应付账款	6711	营业外支出
2203	预收账款	6801	所得税费用

3.3.2 会计账户

1. 会计账户的概念及类别

会计账户是指具有一定格式和结构，用来核算和监督会计要素的增减变动和结果的工具。会计账户是根据会计科目设置的，依据会计科目的类型，会计账户相应地设置有资产类、负债类、所有者权益类、收入类、费用类和利润类等类别。

资产类账户是用来核算和监督企业各种资产增减变动和结果的账户；负债类账户是用来核算和监督企业各种负债增减变动和结果的账户；所有者权益类账户是用来核算和监督企业所有者权益增减变动和结果的账户；收入类账户是用来核算和监督企业生产经营过程中取得的各种营业收入增减变动和结果的账户；费用类账户是用来核算和监督企业生产经营过程中所发生的各种费用增减变动和结果的账户；利润类账户是用来核算和监督企业利润的实现和分配情况的账户。

2. 会计账户与会计科目的关系

会计账户与会计科目在会计中是两个不同的概念，两者既有联系，又有区别。两者的关系见表 3-4。

表 3-4 会计账户与会计科目的关系

项目	内容
联系	会计科目所规定的经济内容，也是会计账户核算的经济内容
	会计账户以会计科目作为户头，会计科目是会计账户的名称
区别	会计科目是会计对象具体内容分类的名称，规定了该分类核算和监督的内容，对经济业务起到归类定性的作用
	会计账户具有一定的格式和结构，能核算和监督经济业务所引起的资金数量上的增减变动及其结果，起到定量记录的作用

3. 会计账户的结构

一个完整的会计账户结构应包括：①账户名称，即会计科目；②日期，即会计事项发生的日期；③摘要，即经济业务的简要说明；④凭证字号，即账户记录的编号；⑤金额，即增加额、减少额和余额。

会计账户的结构通常用三栏式账户表来表示，如图 3-1 所示。

年		凭证		摘要	借方金额											贷方金额											借或贷	余额										
月	日	字	号		亿	千	百	十	万	千	百	十	元	角	分	亿	千	百	十	万	千	百	十	元	角	分		亿	千	百	十	万	千	百	十	元	角	分

图 3-1 三栏式账户表

为了说明问题和方便学习，往往把会计账户结构简化成 T 形账户（或称为“丁”字形账户），如图 3-2 所示。

借方	账户名称（会计科目） 贷方
期初余额	
本期发生额	
期末余额	

图 3-2　T 形账户

4. 会计账户的分类

会计账户按其提供会计资料详细程度的不同，可分为总分类账户和明细分类账户两种。

1）总分类账户也称一级账户，是按照总分类科目设置，用来提供总括核算资料的账户。例如，“银行存款”账户、“原材料”账户等。

2）明细分类账户也称二级或三级账户，是按照明细分类科目设置，用来提供详细核算资料的账户。例如，“原材料”账户又细分为“甲材料”账户、“乙材料”账户等。

总分类账户是所属明细分类账户的统驭账户，对所属明细分类账户起着控制作用；而明细分类账户是某一总分类账户的从属账户，是总分类账户的细化和具体化，对总分类账户起到补充说明的作用，能够提供更为详细的会计信息。

3.4　借贷记账法、会计分录及账户的平行登记和试算平衡

3.4.1　借贷记账法

借贷记账法是以“借”和“贷”作为记账符号的一种复式记账方法。“借”表示记入会计账户的借方，“贷”表示记入会计账户的贷方。

在借贷记账法下，“借”和“贷”两个符号对会计等式（资产＋费用＝负债＋所有者权益＋收入）两边的会计要素规定了相反的含义。对于会计等式左边的账户（资产、费用类账户），“借”表示增加，“贷”表示减少；而对于会计等式右边的账户（负债、所有者权益、收入类账户），“借”表示减少，“贷”表示增加。用 T 形账户表示资产/费用类账户及负债/所有者权益/收入类账户的结构如图 3-3 和图 3-4 所示。

借方	资产/费用类账户 贷方
期初余额	
本期增加额	本期减少额
本期发生额	本期发生额
期末余额	

图 3-3　资产/费用类账户的结构

借方	负债/所有者权益/收入类账户 贷方
	期初余额
本期减少额	本期增加额
本期发生额	本期发生额
	期末余额

图 3-4 负债/所有者权益/收入类账户的结构

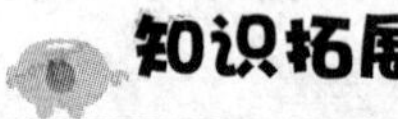

知识拓展 3-5

借贷记账法下各类账户的结构

借贷记账法下各类账户的结构见表 3-5。

表 3-5 借贷记账法下各类账户的结构

账户类别	借方	贷方	余额方向
资产类	增加	减少	余额在借方
负债类	减少	增加	余额在贷方
所有者权益类	减少	增加	余额在贷方
收入类	减少（转销）	增加	一般无余额
费用类	增加	减少（转销）	一般无余额
利润类	减少	增加	一般在贷方

其中：期末余额的计算方法如下。

1）资产/费用类账户期末余额的计算：期末借方余额＝期初借方余额＋本期借方发生额－本期贷方发生额。

2）负债/所有者权益/收入类账户期末余额的计算：期末贷方余额＝期初贷方余额＋本期贷方发生额－本期借方发生额。

3.4.2 会计分录

1. 记账规则

借贷记账法以“有借必有贷，借贷必相等”作为记账规则，即对发生的每一笔经济业务都要求在两个或两个以上相互联系的会计账户中进行连续、分类的登记，在记入一个账户借方的同时，记入另一个或几个账户的贷方；或者在记入一个账户贷方的同时，记入另一个或几个账户的借方。记入借方金额的合计数与记入贷方金额的合计数必须相等。

【例 3-2】新光公司 2019 年 4 月 6 日用银行存款 80 000 元偿还前欠广东梅江木材有限公司（以下简称梅江公司）货款。

分析：该笔经济业务一方面使企业的资产项目“银行存款”减少了 80 000 元，应记入“银行存款”账户的贷方；另一方面使企业负债项目“应付账款”减少了 80 000 元，应记

入“应付账款”账户的借方。采用 T 形账户登记，如图 3-5 和图 3-6 所示。

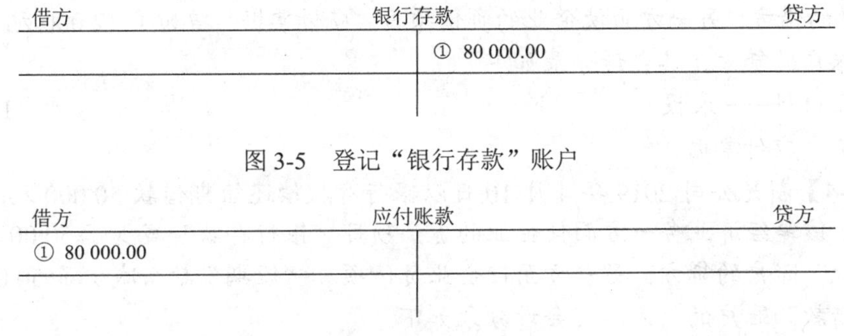

图 3-5　登记“银行存款”账户

图 3-6　登记“应付账款”账户

2. 会计分录的编制

（1）会计分录的概念

会计分录简称分录，是指经济业务发生时，按照借贷记账法的记账规则，确定应借应贷账户的名称和金额的一种简明记录。会计分录是会计语言的表达方式，是会计工作的初始阶段，它具有简单明了地反映企业经济业务的内容和便于记账的作用。实际工作中，会计分录一般通过填制记账凭证来完成。

（2）会计分录的类型

会计分录按其运用账户的多少分为简单会计分录和复合会计分录两种。简单会计分录是指由两个对应账户所组成的会计分录，账户的对应关系为一借一贷。复合会计分录是指由两个以上对应账户所组成的会计分录，账户的对应关系可以是一借多贷、一贷多借或多借多贷。为了保证账户对应关系的清晰性，一般不宜编制多借多贷的会计分录。

知识拓展 3-6

账户对应关系和对应账户

采用借贷记账法在账户中登记经济业务时，账户间存在着一种相互依存的关系，有时是一个账户的借方对应另一个账户的贷方，有时是一个账户的借（或贷）方对应几个账户的贷（或借）方，账户间这种相互依存的关系，称为账户对应关系。存在着对应关系的账户，互称为对应账户。

（3）会计分录的编制步骤

1）确定经济业务涉及的对应账户。

2）确定对应账户的记账方向（应借或应贷）。

3）确定对应账户应登记的金额。

4）采用记账规则检查会计分录是否正确。

【例 3-3】新光公司 2019 年 4 月 8 日购进木板（原材料）一批，计价 12 000 元，木板已验收入库，材料款以银行承兑汇票支付。

分析：该笔经济业务一方面使企业的资产项目“原材料”增加了12 000元，应记入“原材料”账户的借方；另一方面使企业的负债项目“应付票据”增加了12 000元，应记入“应付票据”账户的贷方。其会计分录如下。

借：原材料——木板　　12 000.00

　　贷：应付票据　　12 000.00

【例3-4】新光公司2019年4月10日以银行存款偿还短期借款50 000元。

分析：该笔经济业务一方面使企业的资产项目“银行存款”减少了50 000元，应记入“银行存款”账户的贷方；另一方面使企业负债项目“短期借款”减少了50 000元，应记入“短期借款”账户的借方。其会计分录如下。

借：短期借款　　50 000.00

　　贷：银行存款　　50 000.00

（4）会计分录的编制要求

会计分录的编制应符合以下要求：先借后贷，借贷分行写，并且文字与金额数字应错开；在一借多贷或一贷多借的情况下，要求借方或贷方的文字和金额数字必须对齐。

【例3-5】新光公司2019年4月12日购买木条（原材料）一批，收到增值税专用发票，发票注明价款50 000元，增值税税额为6 500元，木条已验收入库，材料款尚未支付。

分析：该笔经济业务一方面使企业的资产项目“原材料”增加了50 000元，应记入“原材料”账户的借方；另一方面使企业的负债项目“应交税费”减少了6 500元，应记入“应交税费”账户的借方；同时使企业的负债项目“应付账款”增加了56 500元，应记入“应付账款”账户的贷方。其会计分录如下。

借：原材料——木条　　50 000.00

　　应交税费——应交增值税（进项税额）　　6 500.00

　　贷：应付账款　　56 500.00

3.4.3 账户的平行登记

1. 账户平行登记的概念

账户的平行登记是指对每一笔经济业务进行会计核算，既要记入有关的总分类账户，又要记入所属的有关明细分类账户。

总分类账户及其所属明细分类账户的核算对象是相同的，登记的原始依据也是相同的，只是反映资金增减变化的详细程度不同，它们所提供的核算资料相互补充，两者结合起来，既能总括又能详细地核算同一经济业务的内容。因此，总分类账户及其所属明细分类账户应采取平行登记的方法。

2. 账户平行登记的方法

1）同依据。同依据是指对每一笔经济业务，记入有关总分类账户的依据应与记入所属明细分类账户的依据一致，即两者登记的依据是相同的会计凭证。

2）同期间。同期间是指对每一笔经济业务，在同一会计期间内，既要记入有关总分类账户，又要记入所属明细分类账户。

3）同方向。同方向是指对每一笔经济业务，记入有关总分类账户的借贷方向应与记入所属明细分类账户的借贷方向一致。

4）同金额。同金额是指对每一笔经济业务，记入有关总分类账户的金额应与记入所属明细分类账户的金额之和相等。

【例 3-6】新光公司 2019 年 5 月 1 日“银行存款”“原材料”“应付账款”等账户余额资料见表 3-6～表 3-8。

表 3-6 总分类账户余额表

2019 年 5 月 1 日　　单位：元

序号	总分类账户	账户借方余额	账户贷方余额
1	银行存款	600 000.00	
2	原材料	81 000.00	
3	短期借款		182 000.00
4	应付账款		200 000.00
5	应付票据		300 000.00
6	生产成本	1 000.00	
7	合计	682 000.00	682 000.00

表 3-7 “原材料”各明细账户余额表

2019 年 5 月 1 日　　单位：元

明细账户	单位	数量	单价	金额
木条	根	1 000	25.00	25 000.00
油漆	桶	200	280.00	56 000.00
合计	—	—	—	81 000.00

表 3-8 “应付账款”各明细账户余额表

2019 年 5 月 1 日　　单位：元

序号	明细账户	账户余额
1	广东西丽建材有限公司	80 000.00
2	广东梅江木材有限公司	120 000.00
合计		200 000.00

新光公司 5 月发生如下经济业务，试采用账户的平行登记法，登记该公司 5 月原材料、应付账款账户的总分类账及其明细分类账。

1）5 月 8 日，向梅江公司采购木条 800 根，单价 25 元，木条已验收入库，款项已付。

2）5 月 16 日，向广东西丽建材有限公司（以下简称西丽公司）采购油漆 100 桶，单价 280 元，油漆已验收入库，款项未付。

3）5 月 20 日，生产书桌领用木条 1 000 根，单价 25 元；油漆 100 桶，单价 280 元。

4）5 月 25 日，向梅江公司采购木条 1 000 根，单价 25 元，木条已验收入库，款项未付。

新光公司账务处理如下。

（1）编制会计分录

1）借：原材料——木条　　20 000.00

　　贷：银行存款　　20 000.00

2）借：原材料——油漆　　28 000.00

　　贷：应付账款——西丽公司　　28 000.00

3）借：生产成本——书桌　　53 000.00

　　贷：原材料——木条　　25 000.00

　　　　　　——油漆　　28 000.00

4）借：原材料——木条　　25 000.00

　　贷：应付账款——梅江公司　　25 000.00

（2）登记原材料总分类账及其所属明细分类账

登记“原材料”总分类账及其所属明细分类账，如图 3-7 ~ 图 3-9 所示。

总分类账

会计科目：原材料　　　　第 10 页

2019年		凭证		摘要	借方金额											√	贷方金额											√	借或贷	余额											√
月	日	字	号		亿	千	百	十	万	千	百	十	元	角	分		亿	千	百	十	万	千	百	十	元	角	分			亿	千	百	十	万	千	百	十	元	角	分	
5	1			上月结转																									借					8	1	0	0	0	0	0	
5	8	记	1	采购木条					2	0	0	0	0	0	0														借				1	0	1	0	0	0	0	0	
5	16	记	2	采购油漆					2	8	0	0	0	0	0														借				1	2	9	0	0	0	0	0	
5	20	记	3	生产领用材料																	5	3	0	0	0	0	0		借					7	6	0	0	0	0	0	
5	25	记	4	采购木条					2	5	0	0	0	0	0														借				1	0	1	0	0	0	0	0	

图 3-7　“原材料”总分类账

原材料　明细分类账（乙式）

品名 木条　　单位 根　　规格＿＿＿＿　　存储地点＿＿＿＿　　　　第 5 页

2019年		凭证		摘要	收（借）入											发（贷）出											结（余）存											核对
月	日	种类	号数		数量	单价	金额									数量	单价	金额									数量	单价	金额									
							百	十	万	千	百	十	元	角	分			百	十	万	千	百	十	元	角	分			百	十	万	千	百	十	元	角	分	
5	1			上月结转																							1 000	25.00			2	5	0	0	0	0	0	
5	8	记	1	采购木条	800	25.00			2	0	0	0	0	0	0												1 800	25.00			4	5	0	0	0	0	0	
5	20	记	3	生产领用材料												1 000	25.00			2	5	0	0	0	0	0	800	25.00			2	0	0	0	0	0	0	
5	25	记	4	采购木条	1 000	25.00			2	5	0	0	0	0	0												1 800	25.00			4	5	0	0	0	0	0	

图 3-8　“原材料（木条）”明细分类账

原材料 明细分类账（乙式）

品名 油漆 单位 桶 规格＿＿＿＿ 存储地点＿＿＿＿ 第 6 页

2019年		凭证		摘要	收（借）入											发（贷）出											结（余）存											核对
月	日	种类	号数		数量	单价	金额									数量	单价	金额									数量	单价	金额									
							百	十	万	千	百	十	元	角	分			百	十	万	千	百	十	元	角	分			百	十	万	千	百	十	元	角	分	
5	1			上月结转																							200	280.00			5	6	0	0	0	0	0	
5	16	记	2	采购油漆	100	280.00				2	8	0	0	0	0												300	280.00			8	4	0	0	0	0	0	
5	20	记	3	生产领用材料												100	280.00				2	8	0	0	0	0	200	280.00			5	6	0	0	0	0	0	

图 3-9 “原材料（油漆）”明细分类账

（3）登记应付账款总分类账及其所属明细分类账

登记“应付账款”总分类账及其所属明细分类账，如图 3-10～图 3-12 所示。

总分类账

会计科目：应付账款 第 42 页

2019年		凭证		摘要	借方金额											√	贷方金额											√	借或贷	余额											√
月	日	字	号		亿	千	百	十	万	千	百	十	元	角	分		亿	千	百	十	万	千	百	十	元	角	分			亿	千	百	十	万	千	百	十	元	角	分	
5	1			上年结转																									贷				2	0	0	0	0	0	0	0	
5	16	记	2	采购油漆																	2	8	0	0	0	0	0		贷				2	2	8	0	0	0	0	0	
5	25	记	4	采购木条																	2	5	0	0	0	0	0		贷				2	5	3	0	0	0	0	0	

图 3-10 “应付账款”总分类账

应付账款 明细分类账（甲式）

子目 西丽公司 细目＿＿＿＿ 第 15 页

2019年		凭证		摘要	借（增）方											贷（减）方											借或贷	结（余）存											核对
月	日	字	号		亿	千	百	十	万	千	百	十	元	角	分	亿	千	百	十	万	千	百	十	元	角	分		亿	千	百	十	万	千	百	十	元	角	分	
5	1			上月结转																							贷					8	0	0	0	0	0	0	
5	16	记	2	采购油漆																2	8	0	0	0	0	0	贷				1	0	8	0	0	0	0	0	

图 3-11 “应付账款（西丽公司）”明细分类账

<u>应付账款</u>明细分类账（甲式）

子目<u>梅江公司</u>　细目________　　　　　　第 16 页

2019年		凭证		摘要	借（增）方											贷（减）方											借或贷	结（余）存											核对
月	日	字	号		亿	千	百	十	万	千	百	十	元	角	分	亿	千	百	十	万	千	百	十	元	角	分		亿	千	百	十	万	千	百	十	元	角	分	
5	1			上月结转																							贷				1	2	0	0	0	0	0	0	
5	25	记	4	采购木条																2	5	0	0	0	0	0	贷				1	4	5	0	0	0	0	0	

图 3-12　“应付账款（梅江公司）”明细分类账

3.4.4　账户的试算平衡

1. 账户试算平衡的概念

账户的试算平衡是指根据会计等式的平衡原理，按照记账规则的要求，通过汇总计算和比较，来检查账户记录的正确性和完整性的方法。

采用借贷记账法核算企业的经济业务遵循了“有借必有贷，借贷必相等”的记账规则，所以所有账户的借方发生额之和等于所有账户的贷方发生额之和。然而，在实际工作中，经济业务发生频繁，记账时，可能发生记错方向、记错金额等问题，导致记账结果出现借贷不平衡。因此，有必要对记账结果进行试算平衡的核查。

值得注意的是，账户的试算平衡不能核查出账户记录的所有错误，如经济业务的漏记、重复登记、记账方向颠倒、会计科目用错等，原因是这些错误并不影响账户的平衡关系，因此，企业必须采用多种会计核查方法对账户进行核查。

2. 账户试算平衡的方法

账户的试算平衡一般是在月末结出各个账户的本月发生额和月末余额后，通过编制总分类账户发生额试算平衡表和总分类账户余额试算平衡表来进行。试算平衡表见表 3-9。

表 3-9　试算平衡表

年　月　　　　单位：元

账户名称	月初余额		本月发生额		月末余额	
	借方	贷方	借方	贷方	借方	贷方
合计						

（1）发生额试算平衡

发生额试算平衡是指根据本月所有账户借方发生额合计与贷方发生额合计的恒等关系，来检验本月发生额的记录是否正确的方法。发生额试算平衡的检验公式为

所有账户本月借方发生额合计＝所有账户本月贷方发生额合计

（2）余额试算平衡

余额试算平衡是指根据本月所有账户的借方余额合计等于贷方余额合计的恒等关系，来检验本月账户余额的记录是否正确的方法。余额试算平衡的检验公式为

所有账户本月月初（月末）借方余额合计＝所有账户本月月初（月末）贷方余额合计

【例 3-7】承例 3-6，试编制新光公司 2019 年 5 月的试算平衡表。

根据例 3-6 中"银行存款""原材料""应付账款"等账户月初余额及本月发生额，编制新光公司 2019 年 5 月的试算平衡表，见表 3-10。

表 3-10　试算平衡表

2019 年 5 月　　单位：元

账户名称	月初余额		本月发生额		月末余额	
	借方	贷方	借方	贷方	借方	贷方
银行存款	600 000.00			①20 000.00	580 000.00	
原材料	81 000.00		①20 000.00 ②28 000.00 ④25 000.00	③25 000.00 ③28 000.00	101 000.00	
短期借款		182 000.00				182 000.00
应付账款		200 000.00		②28 000.00 ④25 000.00		253 000.00
应付票据		300 000.00				300 000.00
生产成本	1 000.00		③53 000.00		54 000.00	
合计	682 000.00	682 000.00	126 000.00	126 000.00	735 000.00	735 000.00

本章小结

会计核算前提即会计基本假设，是企业会计确认、计量和报告的前提，是对会计核算所处时间、空间环境等所做的合理设定。会计核算前提包括会计主体、持续经营、会计分期和货币计量。

企业会计核算的基础是权责发生制。权责发生制也称应收应付制，是指企业以收入的权利和支出的义务是否归属于本期为标准来确认收入、费用的一种会计核算基础。

会计核算方法是指会计对各单位已经发生的经济活动进行连续、系统和全面地反映与监督所采用的方法，主要包括设置账户、复式记账、填制和审核凭证、登记账簿、成本计算、财产清查和编制财务报表。

会计要素是会计对象的具体化，是对会计对象的基本分类。企业会计的基本要素分为资产、负债、所有者权益、收入、费用和利润 6 项。其中，资产、负债和所有者权益是反映企业财务状况的会计要素，也称资产负债表要素；收入、费用和利润是反映企业一定时期经营成果的会计要素，也称利润表要素。

会计要素的计量是指对经济交易或事项的价值数量关系进行计算和衡量的过程。企业应当按照规定的会计计量属性进行计量，确定相关金额。会计要素的计量属性主要包括历史成本、重置成本、可变现净值、现值和公允价值等。

会计平衡公式也称会计恒等式、会计等式、会计方程式，是指表明各会计要素之间基本关系的恒等式。“资产＝负债＋所有者权益”是最基本的会计等式，反映企业在某一时点资产、负债和所有者权益要素之间的恒等关系。它是编制资产负债表的理论依据。

会计科目是指按经济业务的内容和经济管理的要求对会计要素的具体内容所做的分类。会计科目按其提供信息详细程度的不同，可分为总账科目和明细账科目。

会计账户是指具有一定格式和结构，用来核算和监督会计要素的增减变动和结果的工具。会计账户按其提供会计资料详细程度的不同，可分为总分类账户和明细分类账户两种。

一个完整的会计账户结构应包括：①账户名称，即会计科目；②日期，即会计事项发生的日期；③摘要，即经济业务的简要说明；④凭证字号，即账户记录的编号；⑤金额，即增加额、减少额和余额。

借贷记账法以“有借必有贷，借贷必相等”作为记账规则，即对发生的每一笔经济业务都要求在两个或两个以上相互联系的会计账户中进行连续、分类的登记，在记入一个账户借方的同时，记入另一个或几个账户的贷方；或者在记入一个账户贷方的同时，记入另一个或几个账户的借方，记入借方金额的合计数与记入贷方金额的合计数必须相等。

会计分录简称分录，是指经济业务发生时，按照借贷记账法的记账规则，确定应借应贷账户的名称和金额的一种简明记录。会计分录按其运用账户的多少分为简单会计分录和复合会计分录两种。

会计分录的编制应符合以下要求：先借后贷，借贷分行写，并且文字与金额数字应错开；在一借多贷或一贷多借的情况下，要求借方或贷方的文字和金额数字必须对齐。

账户的平行登记是指对每一笔经济业务进行会计核算，既要记入有关的总分类账户，又要记入所属的有关明细分类账户。账户平行登记的方法表现为：①同依据；②同期间；③同方向；④同金额。

账户的试算平衡是指根据会计等式的平衡原理，按照记账规则的要求，通过汇总计算和比较，来检查账户记录的正确性和完整性的方法。账户的试算平衡，一般是在月末结出各个账户的本月发生额和月末余额后，通过编制总分类账户发生额试算平衡表和总分类账户余额试算平衡表来进行。

第4章 认知和填制记账凭证

学习目标

1. 能够叙述记账凭证的概念与分类。
2. 能够叙述记账凭证的基本内容。
3. 能够依据经济业务填制记账凭证。
4. 能够理解记账凭证的审核。
5. 能够掌握科目汇总表的编制。

学习要点

1. 记账凭证的填制。
2. 记账凭证的审核。
3. 科目汇总表的编制。

4.1 认知记账凭证

4.1.1 记账凭证的概念

记账凭证是根据原始凭证进行归类整理编制的会计分录凭证。记账凭证是会计核算的起点，是登记会计账簿的依据。

记账凭证与原始凭证均属于企业的会计凭证，但两者在填制人员、填制依据、功能用途等方面存在区别，见表4-1。

表4-1 记账凭证与原始凭证的区别

项目	记账凭证	原始凭证
填制人员	一律由会计人员填制	一般由经办人员填制或取得
填制依据	根据审核无误的原始凭证填制	根据已经发生或完成的经济业务填制
功能用途	用以确定经济业务性质和类型，是登记会计账簿的依据	记录和证明经济业务的发生或完成情况，是填制记账凭证的依据

4.1.2 记账凭证的种类

1. 按用途分类

记账凭证按其用途的不同，可分为专用记账凭证和通用记账凭证两类。

1）专用记账凭证是指分类反映经济业务的记账凭证。专用记账凭证按反映经济业务内容的不同，又可分为收款凭证、付款凭证和转账凭证。

① 收款凭证是指记录现金或银行存款收入的专用记账凭证，如图4-1所示。

收款凭证

借方科目：　　　　　　　　　　年　月　日　　　　　　　　　　字第　号

摘要	贷方科目		金额										账页或√
	总账科目	明细科目	千	百	十	万	千	百	十	元	角	分	
附件　张	合计												

会计主管　　　　记账　　　　审核　　　　制单

图 4-1　收款凭证

② 付款凭证是指记录现金或银行存款支出的专用记账凭证，如图 4-2 所示。

付款凭证

贷方科目：　　　　　　　　　　年　月　日　　　　　　　　　　字第　号

摘要	借方科目		金额										账页或√
	总账科目	明细科目	千	百	十	万	千	百	十	元	角	分	
附件　张	合计												

会计主管　　　　记账　　　　审核　　　　制单

图 4-2　付款凭证

③ 转账凭证是指记录与现金或银行存款无关的转账业务的专用记账凭证，如图 4-3 所示。

<table>
<caption>转 账 凭 证
年　月　日　　　　字第　号</caption>
<tr><th rowspan="2">摘　要</th><th rowspan="2">总账科目</th><th rowspan="2">明细科目</th><th colspan="10">借方金额</th><th colspan="10">贷方金额</th><th rowspan="2">账页或√</th></tr>
<tr><th>千</th><th>百</th><th>十</th><th>万</th><th>千</th><th>百</th><th>十</th><th>元</th><th>角</th><th>分</th><th>千</th><th>百</th><th>十</th><th>万</th><th>千</th><th>百</th><th>十</th><th>元</th><th>角</th><th>分</th></tr>
<tr><td></td><td></td><td></td><td></td><td></td><td></td><td></td><td></td><td></td><td></td><td></td><td></td><td></td><td></td><td></td><td></td><td></td><td></td><td></td><td></td><td></td><td></td><td></td><td></td></tr>
<tr><td></td><td></td><td></td><td></td><td></td><td></td><td></td><td></td><td></td><td></td><td></td><td></td><td></td><td></td><td></td><td></td><td></td><td></td><td></td><td></td><td></td><td></td><td></td><td></td></tr>
<tr><td></td><td></td><td></td><td></td><td></td><td></td><td></td><td></td><td></td><td></td><td></td><td></td><td></td><td></td><td></td><td></td><td></td><td></td><td></td><td></td><td></td><td></td><td></td><td></td></tr>
<tr><td></td><td></td><td></td><td></td><td></td><td></td><td></td><td></td><td></td><td></td><td></td><td></td><td></td><td></td><td></td><td></td><td></td><td></td><td></td><td></td><td></td><td></td><td></td><td></td></tr>
<tr><td></td><td></td><td></td><td></td><td></td><td></td><td></td><td></td><td></td><td></td><td></td><td></td><td></td><td></td><td></td><td></td><td></td><td></td><td></td><td></td><td></td><td></td><td></td><td></td></tr>
<tr><td></td><td></td><td></td><td></td><td></td><td></td><td></td><td></td><td></td><td></td><td></td><td></td><td></td><td></td><td></td><td></td><td></td><td></td><td></td><td></td><td></td><td></td><td></td><td></td></tr>
<tr><td>附件</td><td>张</td><td>合　计</td><td></td><td></td><td></td><td></td><td></td><td></td><td></td><td></td><td></td><td></td><td></td><td></td><td></td><td></td><td></td><td></td><td></td><td></td><td></td><td></td><td></td></tr>
</table>

会计主管　　　　　　记账　　　　　　审核　　　　　　制单

图 4-3　转账凭证

2）通用记账凭证是指用来反映所有经济业务的记账凭证，如图 4-4 所示。

<table>
<caption>记 账 凭 证
年　月　日　　　　字第　号</caption>
<tr><th rowspan="2">摘　要</th><th rowspan="2">总账科目</th><th rowspan="2">明细科目</th><th colspan="10">借方金额</th><th colspan="10">贷方金额</th><th rowspan="2">账页或√</th></tr>
<tr><th>千</th><th>百</th><th>十</th><th>万</th><th>千</th><th>百</th><th>十</th><th>元</th><th>角</th><th>分</th><th>千</th><th>百</th><th>十</th><th>万</th><th>千</th><th>百</th><th>十</th><th>元</th><th>角</th><th>分</th></tr>
<tr><td></td><td></td><td></td><td></td><td></td><td></td><td></td><td></td><td></td><td></td><td></td><td></td><td></td><td></td><td></td><td></td><td></td><td></td><td></td><td></td><td></td><td></td><td></td><td></td></tr>
<tr><td></td><td></td><td></td><td></td><td></td><td></td><td></td><td></td><td></td><td></td><td></td><td></td><td></td><td></td><td></td><td></td><td></td><td></td><td></td><td></td><td></td><td></td><td></td><td></td></tr>
<tr><td></td><td></td><td></td><td></td><td></td><td></td><td></td><td></td><td></td><td></td><td></td><td></td><td></td><td></td><td></td><td></td><td></td><td></td><td></td><td></td><td></td><td></td><td></td><td></td></tr>
<tr><td></td><td></td><td></td><td></td><td></td><td></td><td></td><td></td><td></td><td></td><td></td><td></td><td></td><td></td><td></td><td></td><td></td><td></td><td></td><td></td><td></td><td></td><td></td><td></td></tr>
<tr><td></td><td></td><td></td><td></td><td></td><td></td><td></td><td></td><td></td><td></td><td></td><td></td><td></td><td></td><td></td><td></td><td></td><td></td><td></td><td></td><td></td><td></td><td></td><td></td></tr>
<tr><td></td><td></td><td></td><td></td><td></td><td></td><td></td><td></td><td></td><td></td><td></td><td></td><td></td><td></td><td></td><td></td><td></td><td></td><td></td><td></td><td></td><td></td><td></td><td></td></tr>
<tr><td>附属单证</td><td>张</td><td>合　计</td><td></td><td></td><td></td><td></td><td></td><td></td><td></td><td></td><td></td><td></td><td></td><td></td><td></td><td></td><td></td><td></td><td></td><td></td><td></td><td></td><td></td></tr>
</table>

会计主管　　　　　　记账　　　　　　审核　　　　　　制单

图 4-4　通用记账凭证

2. 按包括内容分类

记账凭证按其包括内容的不同，可分为单一记账凭证、汇总记账凭证和科目汇总表 3 类。

1）单一记账凭证是指只反映一笔经济业务的记账凭证。上述专用记账凭证和通用记账凭证均为单一记账凭证。

2）汇总记账凭证是指定期汇总一定时期内同类单一记账凭证而重新编制的记账凭

证。汇总记账凭证又可进一步分为汇总收款凭证、汇总付款凭证和汇总转账凭证 3 种。

① 汇总收款凭证是指根据收款凭证分别按“库存现金”和“银行存款”账户的借方设置，并按对应的贷方账户归类汇总的汇总记账凭证，如图 4-5 所示。

汇总收款凭证

借方账户： 年 月 字第 号

<table>
<tr><td rowspan="3">贷方账户</td><td colspan="36">金 额</td><td rowspan="3">账页或√</td></tr>
<tr><td colspan="9">（1）</td><td colspan="9">（2）</td><td colspan="9">（3）</td><td colspan="9">合 计</td></tr>
<tr><td>百</td><td>十</td><td>万</td><td>千</td><td>百</td><td>十</td><td>元</td><td>角</td><td>分</td><td>百</td><td>十</td><td>万</td><td>千</td><td>百</td><td>十</td><td>元</td><td>角</td><td>分</td><td>百</td><td>十</td><td>万</td><td>千</td><td>百</td><td>十</td><td>元</td><td>角</td><td>分</td><td>百</td><td>十</td><td>万</td><td>千</td><td>百</td><td>十</td><td>元</td><td>角</td><td>分</td></tr>
<tr><td></td><td colspan="36"></td><td></td></tr>
<tr><td></td><td colspan="36"></td><td></td></tr>
<tr><td></td><td colspan="36"></td><td></td></tr>
<tr><td></td><td colspan="36"></td><td></td></tr>
<tr><td></td><td colspan="36"></td><td></td></tr>
<tr><td></td><td colspan="36"></td><td></td></tr>
</table>

附注：（1）自______日至______日　　收款凭证共计______张
（2）自______日至______日　　收款凭证共计______张
（3）自______日至______日　　收款凭证共计______张

图 4-5 汇总收款凭证

② 汇总付款凭证是指根据付款凭证分别按“库存现金”和“银行存款”账户的贷方设置，并按对应的借方账户归类汇总的汇总记账凭证，如图 4-6 所示。

汇总付款凭证

贷方账户： 年 月 字第 号

<table>
<tr><td rowspan="3">借方账户</td><td colspan="36">金 额</td><td rowspan="3">账页或√</td></tr>
<tr><td colspan="9">（1）</td><td colspan="9">（2）</td><td colspan="9">（3）</td><td colspan="9">合 计</td></tr>
<tr><td>百</td><td>十</td><td>万</td><td>千</td><td>百</td><td>十</td><td>元</td><td>角</td><td>分</td><td>百</td><td>十</td><td>万</td><td>千</td><td>百</td><td>十</td><td>元</td><td>角</td><td>分</td><td>百</td><td>十</td><td>万</td><td>千</td><td>百</td><td>十</td><td>元</td><td>角</td><td>分</td><td>百</td><td>十</td><td>万</td><td>千</td><td>百</td><td>十</td><td>元</td><td>角</td><td>分</td></tr>
<tr><td></td><td colspan="36"></td><td></td></tr>
<tr><td></td><td colspan="36"></td><td></td></tr>
<tr><td></td><td colspan="36"></td><td></td></tr>
<tr><td></td><td colspan="36"></td><td></td></tr>
<tr><td></td><td colspan="36"></td><td></td></tr>
<tr><td></td><td colspan="36"></td><td></td></tr>
</table>

附注：（1）自______日至______日　　付款凭证共计______张
（2）自______日至______日　　付款凭证共计______张
（3）自______日至______日　　付款凭证共计______张

图 4-6 汇总付款凭证

③ 汇总转账凭证是指根据转账凭证按账户的贷方设置，并按对应的借方账户归类汇总

的汇总记账凭证，如图 4-7 所示。

汇总转账凭证

贷方账户：　　　　　　　　　　　　　　年　月　　　　　　　　　　　　　　字第　号

借方账户	金　额																																				账页或√
	（1）									（2）									（3）									合　计									
	百	十	万	千	百	十	元	角	分	百	十	万	千	百	十	元	角	分	百	十	万	千	百	十	元	角	分	百	十	万	千	百	十	元	角	分	

附注：（1）自＿＿日至＿＿日　　　　转账凭证共计＿＿张
（2）自＿＿日至＿＿日　　　　转账凭证共计＿＿张
（3）自＿＿日至＿＿日　　　　转账凭证共计＿＿张

图 4-7　汇总转账凭证

3）科目汇总表也称记账凭证汇总表、账户汇总表，是指根据一定时期内所有的记账凭证，按总账科目定期加以汇总，据以计算出每一总账科目的本期借方发生额和贷方发生额合计数，以此作为登记总分类账依据的记账凭证，如图 4-8 所示。

科 目 汇 总 表

凭证第　号至第　号共　张
凭证第　号至第　号共　张
编号：　　　　　　　　　　年　月　日至　日　　　　凭证第　号至第　号共　张

会计科目	本期发生额																						账页或√
	借方金额											贷方金额											
	亿	千	百	十	万	千	百	十	元	角	分	亿	千	百	十	万	千	百	十	元	角	分	

会计主管　　　　　　　　记账　　　　　　　　审核　　　　　　　　制单

图 4-8　科目汇总表

4.1.3　记账凭证的填制内容与要求

1. 记账凭证的填制内容

由于经济业务、记账方法的不同，所使用的记账凭证的格式、内容会不尽相同，但所有记账凭证一般都包括以下基本内容。

1）记账凭证名称。

2）凭证日期和编号。

3）经济业务内容摘要。

4）经济业务应借、应贷会计科目名称和金额。

5）所附原始凭证张数。

6）填制、审核、记账等人员签章等。

2. 记账凭证的填制要求

（1）凭证日期的填制要求

凭证日期一般填写填制记账凭证当天的日期，根据需要也可填写经济业务发生时的日期或月末日期。

（2）凭证编号的填制要求

采用通用记账凭证，应连续编号。可按全部经济业务发生的先后顺序编号，每月从第1号编起，即记1号、记2号、记3号等。

采用专用记账凭证，一般按凭证类别（收款、付款和转账）分别编号，每月从收字第1号、付字第1号和转字第1号编起，如收字第1号、收字第2号、收字第3号等。如果现金、银行存款收付业务较多，也可按现收、现付、银收、银付、转账等分别编号，如现收字第1号、现收字第2号、现收字第3号等。

若某笔经济业务需填制多张记账凭证，可采用分数编号法，即按该项经济业务的记账凭证数量编列分号。例如，某笔经济业务需填制3张记账凭证，凭证的顺序号为10，则这3张凭证的编号应分别为记字第$10\frac{1}{3}$号、记字第$10\frac{2}{3}$号、记字第$10\frac{3}{3}$号。

每月月末最后一张记账凭证的编号旁边要加注“全”字，表示本月记账凭证全部填制完成，以免凭证装订散失。

（3）凭证摘要的填制要求

凭证的摘要应与所属原始凭证的内容相符，文字表述清楚，简明扼要，如“采购材料”。

（4）会计科目的运用要求

一级会计科目必须按照会计制度统一规定的会计科目填写，不得任意简化或改动，不得只写科目编号而不写科目名称。二级会计科目和明细科目也要填列齐全。记账方向应填列正确，在借贷记账法下，应先借后贷。

（5）原始凭证的附件张数要求

原始凭证的附件张数用阿拉伯数字填写，并将附件粘贴在记账凭证后面的左上方，以便核对摘要及所运用的会计科目是否正确。

若两张或两张以上的记账凭证依据同一原始凭证，则应在未附原始凭证的记账凭证上注明“原始凭证××张，附于第××号记账凭证之后”，以便日后查阅。

（6）收付款凭证的选用要求

凡是引起现金或银行存款增加的，如销售产品收到银行存款，应选用收款凭证；凡是

引起现金或银行存款减少的，如以银行存款支付采购材料款，应选用付款凭证。

对于现金和银行存款之间的相互收付业务，以及银行存款之间的相互划转业务，一般只填制付款凭证，不填制收款凭证，以免重复记账。

对于已经收讫的收款凭证和已经付讫的付款凭证及其所附原始凭证，都应加盖“收讫”或“付讫”的戳记，以免重收或重付。

（7）凭证签章的要求

会计机构负责人、填制人、审核人及记账人等都应在记账凭证上签章，以示责任。

4.2　筹资业务记账凭证的填制

企业要开展生产经营活动，首先必须筹集到一定量的资金，企业资金的来源主要表现为接受投资者的投入和从债权人处借入资金。

4.2.1　接受投资者的投入

1. 账户设置

企业接受投资者投入资金，一般需设置“库存现金”“银行存款”“原材料”“固定资产”“无形资产”“实收资本”“资本公积”等账户进行核算。

（1）“库存现金”账户

“库存现金”账户核算企业库存现金的收支结存情况。该账户属于资产类账户，借方登记企业库存现金的增加，贷方登记企业库存现金的减少，期末余额在借方，表示企业库存现金的结存（实有）数。“库存现金”账户结构如图 4-9 所示。

借方　　　　　　库存现金	贷方
期初：库存现金的实有数	
本期：登记企业库存现金的增加	登记企业库存现金的减少
期末：企业库存现金的结存（实有）数	

图 4-9　“库存现金”账户结构

（2）“银行存款”账户

“银行存款”账户核算企业银行存款的增减变动及结余情况。该账户属于资产类账户，借方登记企业银行存款的增加，贷方登记企业银行存款的减少，期末余额在借方，表示企业银行存款的结余额。“银行存款”账户结构如图 4-10 所示。

借方　　　　　　银行存款	贷方
期初：银行存款的实有数	
本期：登记企业银行存款的增加	登记企业银行存款的减少
期末：企业银行存款的结余额	

图 4-10　“银行存款”账户结构

（3）“原材料”账户

“原材料”账户核算企业库存的各种材料的收入、发出及结存情况。该账户属于资产类账户，按实际成本法核算时，借方登记已验收入库的各种材料的实际成本，贷方登记发出的各种材料的实际成本，期末余额在借方，表示企业库存的各种材料的实际成本。

“原材料”账户应按材料的保管地点（仓库）、材料类别、品种和规格设置明细分类账，进行明细分类核算。“原材料”账户结构如图 4-11 所示。

借方 原材料	贷方
期初：库存的各种材料的实际成本	
本期：登记已验收入库的各种材料的实际成本	登记发出的各种材料的实际成本
期末：企业库存的各种材料的实际成本	

图 4-11 “原材料”账户结构

（4）“固定资产”账户

“固定资产”账户核算企业固定资产原始价值增减变化及其结存情况。该账户属于资产类账户，借方登记企业增加固定资产的原值，贷方登记企业减少固定资产的原值，期末余额在借方，表示企业期末固定资产的账面原值。

“固定资产”账户应按固定资产类别和项目设置明细分类账，进行明细分类核算。“固定资产”账户结构如图 4-12 所示。

借方 固定资产	贷方
期初：期初固定资产的账面原值	
本期：登记企业增加固定资产的原值	登记企业减少固定资产的原值
期末：企业期末固定资产的账面原值	

图 4-12 “固定资产”账户结构

（5）“无形资产”账户

“无形资产”账户核算企业无形资产的增减变动及其结余情况。该账户属于资产类账户，借方登记取得无形资产的价值（成本），贷方登记处置无形资产的价值（成本），期末余额在借方，表示企业现有无形资产的价值（成本）。

“无形资产”账户应按无形资产项目或类别设置明细分类账，进行明细分类核算。“无形资产”账户结构如图 4-13 所示。

借方 无形资产	贷方
期初：期初无形资产的账面价值	
本期：登记取得无形资产的价值（成本）	登记处置无形资产的价值（成本）
期末：企业现有无形资产的价值	

图 4-13 “无形资产”账户结构

（6）“实收资本”账户

“实收资本”账户（股份有限公司设置“股本”账户）核算投资者投入资本的增减变动

及结存情况。该账户属于所有者权益类账户，贷方登记企业实际收到投资者投入的资本额，借方登记企业按法定程序报经批准而减少的资本额，期末余额一般在贷方，表示企业期末实收资本的实有数。

"实收资本"账户应按投资者设置明细分类账，进行明细分类核算。"实收资本"账户结构如图4-14所示。

借方	实收资本 贷方
	期初：企业期初结存实收资本数
本期：登记企业按法定程序报经批准而减少的资本额	登记企业实际收到投资者投入的资本额
	期末：企业期末实收资本的实有数

图4-14 "实收资本"账户结构

（7）"资本公积"账户

"资本公积"账户核算企业资本公积的增减变动及结存情况。该账户属于所有者权益类账户，贷方登记企业资本公积的增加额，借方登记企业资本公积的减少额，期末余额一般在贷方，表示企业期末资本公积的结余额。

"资本公积"账户应按"资本溢价"（或"股本溢价"）、"其他资本公积"设置明细分类账，进行明细分类核算。"资本公积"账户结构如图4-15所示。

借方	资本公积 贷方
	期初：企业期初资本公积的结余数额
本期：登记企业资本公积的减少额	登记企业资本公积的增加额
	期末：企业期末资本公积的结余数额

图4-15 "资本公积"账户结构

2. 会计核算

企业可以接受投资者货币资金的投入，也可以接受投资者原材料、机器设备等实物资产或无形资产的投入。

1）企业接受投资者货币资金的投入，应按实际收到的货币资金，借记"库存现金""银行存款"等科目，贷记"实收资本"科目。实际收到金额超过投资者在企业注册资本中所占份额的部分，记入"资本公积"账户。

【例4-1】新光公司2012年6月12日设立时，收到广东新联投资有限公司（以下简称新联公司）300 000元货币资金投入，款项已收存银行，办妥验资手续。新光公司账务处理如下。

1）编制会计分录。

借：银行存款　　300 000.00

　　贷：实收资本——新联公司　　300 000.00

2）填制记账凭证，如图4-16所示。

记 账 凭 证

2012年6月12日　　　　　　　　　　　　记字第1号

摘　要	总账科目	明细科目	借方金额										贷方金额										账页或√
			千	百	十	万	千	百	十	元	角	分	千	百	十	万	千	百	十	元	角	分	
收到投资款	银行存款				3	0	0	0	0	0	0	0											
	实收资本	新联公司													3	0	0	0	0	0	0	0	
附属单证　2　张		合　计		¥	3	0	0	0	0	0	0	0		¥	3	0	0	0	0	0	0	0	

会计主管：陈健平　　　记账：杨东梅　　　审核：谢晓霞　　　制单：杨东梅

图4-16　收到投资款业务记账凭证

3）附原始凭证：投资协议书和银行进账单，如图4-17和图4-18所示。

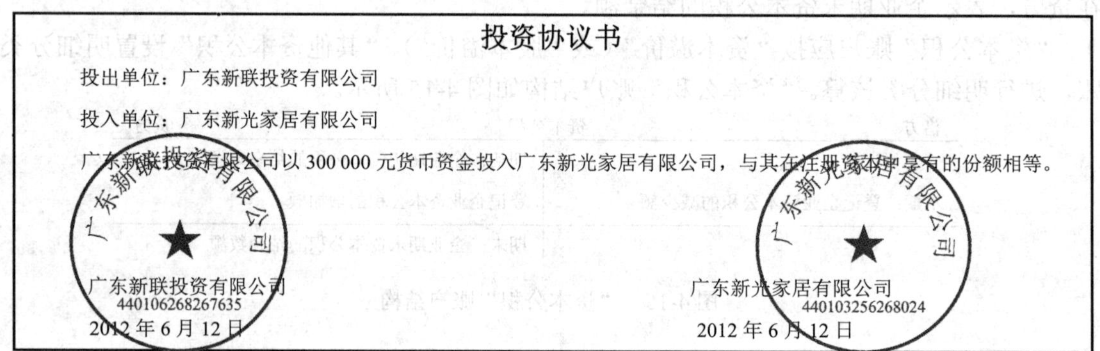

投资协议书

投出单位：广东新联投资有限公司

投入单位：广东新光家居有限公司

广东新联投资有限公司以300 000元货币资金投入广东新光家居有限公司，与其在注册资本中享有的份额相等。

广东新联投资有限公司
440106268267635
2012年6月12日

广东新光家居有限公司
440103256268024
2012年6月12日

图4-17　投资协议书

中国建设银行进账单　（回　单）　1

2012年06月12日

出票人	全　称	广东新联投资有限公司	收款人	全　称	广东新光家居有限公司
	账　号	11634813054		账　号	11682674052
	开户银行	中国工商银行新华支行		开户银行	中国建设银行东环支行
金额	人民币（大写）	叁拾万元整		亿千百十万千百十元角分	¥ 3 0 0 0 0 0 0 0
票据种类	支票	票据张数	壹		
票据号码	07024041				
复核	记账			开户银行盖章	

此联是开户银行交给持（出）票人的回单

图4-18　银行进账单

2）企业接受投资者原材料、机器设备等实物资产或无形资产的投入时，应按投资合同或协议约定的价值（投资合同或协议约定价值不公允的除外）入账，借记“原材料”“固定资产”“无形资产”等科目；按投资者在企业注册资本中所占的份额，贷记“实收资本”科目；约定资产价值超过其在注册资本中所占份额的部分，贷记“资本公积”科目。

【例 4-2】新光公司 2012 年 6 月 12 日设立时，收到广东新泰投资有限公司（以下简称新泰公司）作为资本投入的专利权一项，双方协议确定价值为 100 000 元，不考虑其他因素，已办妥验资手续。新光公司账务处理如下。

1）编制会计分录。

借：无形资产——专利权　　100 000.00

　　贷：实收资本——新泰公司　　100 000.00

2）填制记账凭证，如图 4-19 所示。

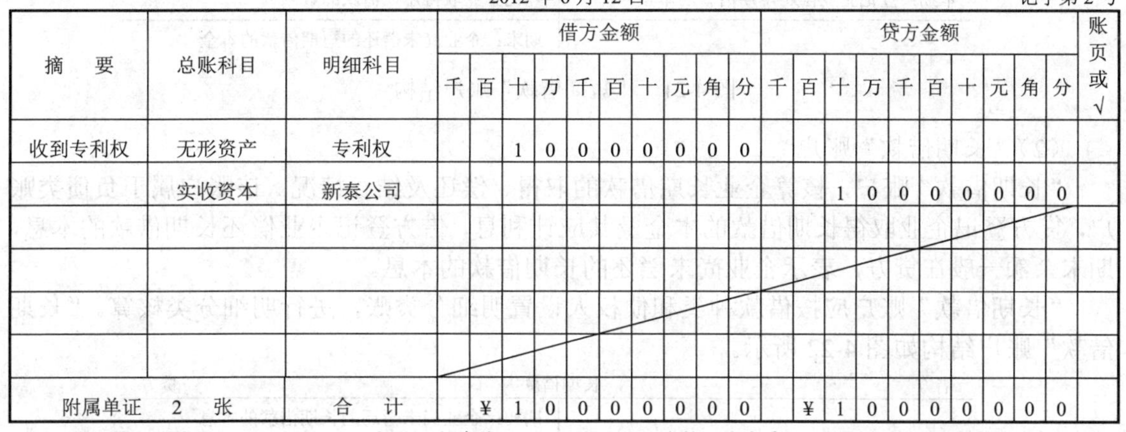

记 账 凭 证

2012 年 6 月 12 日　　记字第 2 号

摘　要	总账科目	明细科目	借方金额										贷方金额										账页或√
			千	百	十	万	千	百	十	元	角	分	千	百	十	万	千	百	十	元	角	分	
收到专利权	无形资产	专利权			1	0	0	0	0	0	0	0											
	实收资本	新泰公司													1	0	0	0	0	0	0	0	
附属单证 2 张		合　计		¥	1	0	0	0	0	0	0	0		¥	1	0	0	0	0	0	0	0	

会计主管：陈健平　　记账：杨东梅　　审核：谢晓霞　　制单：杨东梅

图 4-19　收到专利权业务记账凭证

3）附原始凭证：投资协议书，如图 4-20 所示。

投资协议书

投出单位：广东新泰投资有限公司

投入单位：广东新光家居有限公司

广东新泰投资有限公司以专利权一项作为资本金投入广东新光家居有限公司，双方协议确定价值为 100 000 元，与其在注册资本中享有的份额相等。

广东新泰投资有限公司
440106328267686
2012 年 6 月 12 日

广东新光家居有限公司
440103256268024
2012 年 6 月 12 日

图 4-20　投资协议书

4.2.2 从债权人处借入资金

1. 账户设置

企业从债权人处借入资金，一般需设置“短期借款”“长期借款”“财务费用”“应付利息”等账户进行核算。

（1）“短期借款”账户

“短期借款”账户，核算企业短期借款的取得、偿还及其结存情况。该账户属于负债类账户，贷方登记企业取得短期借款的数额，借方登记企业偿还短期借款的本金，期末余额一般在贷方，表示企业尚未偿还的短期借款的本金。

“短期借款”账户应按借款种类和债权人设置明细分类账，进行明细分类核算。“短期借款”账户结构如图 4-21 所示。

借方	短期借款　　　　贷方
	期初：企业尚未偿还的短期借款的本金
本期：登记企业偿还短期借款的本金	登记企业取得短期借款的数额
	期末：企业尚未偿还的短期借款的本金

图 4-21　“短期借款”账户结构

（2）“长期借款”账户

“长期借款”账户，核算企业长期借款的取得、偿还及结存情况。该账户属于负债类账户，贷方登记企业取得长期借款的本金及其应计利息，借方登记企业偿还长期借款的本息，期末余额一般在贷方，表示企业尚未偿还的长期借款的本息。

“长期借款”账户应按借款种类和债权人设置明细分类账，进行明细分类核算。“长期借款”账户结构如图 4-22 所示。

借方	长期借款　　　　贷方
	期初：企业尚未偿还的长期借款的本息
本期：登记企业偿还长期借款的本息	登记企业取得长期借款的本金及其应计利息
	期末：企业尚未偿还的长期借款的本息

图 4-22　“长期借款”账户结构

（3）“财务费用”账户

“财务费用”账户，核算财务费用的发生和结转情况。该账户属于损益类账户，借方登记企业发生的各项财务费用，贷方登记期末结转到“本年利润”账户的财务费用，期末结转后该账户应无余额。

“财务费用”账户应按费用项目设置明细分类账，进行明细分类核算。“财务费用”账户结构如图 4-23 所示。

借方	财务费用　　　　贷方
期初：无余额	
本期：登记企业发生的各项财务费用	登记期末结转到“本年利润”账户的财务费用
期末：无余额	

图 4-23　“财务费用”账户结构

（4）“应付利息”账户

“应付利息”账户，核算企业按照合同约定应支付的利息，包括短期借款、分期付息到期还本的长期借款、企业债券等应支付的利息。该账户属于负债类账户，贷方登记企业按合同约定的利率计算确定的应付利息的金额，借方登记企业实际支付的利息，期末余额一般在贷方，表示企业按照合同约定应支付但尚未支付的利息。

“应付利息”账户应按债权人设置明细分类账，进行明细分类核算。“应付利息”账户结构如图 4-24 所示。

借方　　　　应付利息	贷方
	期初：企业按照合同约定应支付但尚未支付的利息
本期：登记企业实际支付的利息	登记企业按合同约定的利率计算确定的应付利息的金额
	期末：企业按照合同约定应支付但尚未支付的利息

图 4-24　“应付利息”账户结构

2. 会计核算

企业从债权人处借入资金，主要表现为企业向银行或其他金融机构借入的资金。借款按其偿还期的长短，可分为短期借款和长期借款。其中，短期借款是指企业向银行或其他金融机构借入的期限在 1 年以下（含 1 年）的各种借款。长期借款是指企业向银行或其他金融机构借入的期限在 1 年以上（不含 1 年）的各种借款。

（1）短期借款核算

1）取得短期借款。企业从银行或其他金融机构取得短期借款时，借记“银行存款”科目，贷记“短期借款”科目。

2）计算并支付短期借款利息。①按月计算并支付的，直接记入“财务费用”账户，借记“财务费用”科目，贷记“银行存款”科目；②按月计算，按季支付或到期还本付息的，应采用月末预提方式进行核算，月末预提时，借记“财务费用”科目，贷记“应付利息”科目。

3）归还短期借款本息。短期借款到期偿还本金时，借记“短期借款”科目，贷记“银行存款”科目；按期支付利息时，借记“应付利息”科目，贷记“银行存款”科目。

【例 4-3】新光公司 2019 年 6 月 1 日向中国建设银行借入一笔生产经营用短期借款，金额为 90 000 元，期限为 3 个月，年利率为 4%，借款协议约定，该笔借款到期后一次还本付息。新光公司账务处理如下。

1）取得短期借款时：

借：银行存款　　　　90 000.00

　　贷：短期借款　　　　90 000.00

① 填制记账凭证，如图 4-25 所示。

记 账 凭 证

2019 年 6 月 1 日　　　　记字第 3 号

摘　要	总账科目	明细科目	借方金额 千	百	十	万	千	百	十	元	角	分	贷方金额 千	百	十	万	千	百	十	元	角	分	账页或√
取得短期借款	银行存款					9	0	0	0	0	0	0											
	短期借款															9	0	0	0	0	0	0	
附属单证 1 张		合　计			¥	9	0	0	0	0	0	0			¥	9	0	0	0	0	0	0	

会计主管：陈健平　　记账：杨东梅　　审核：谢晓霞　　制单：杨东梅

图 4-25　取得短期借款业务记账凭证

② 附原始凭证：借款转存凭证，如图 4-26 所示。

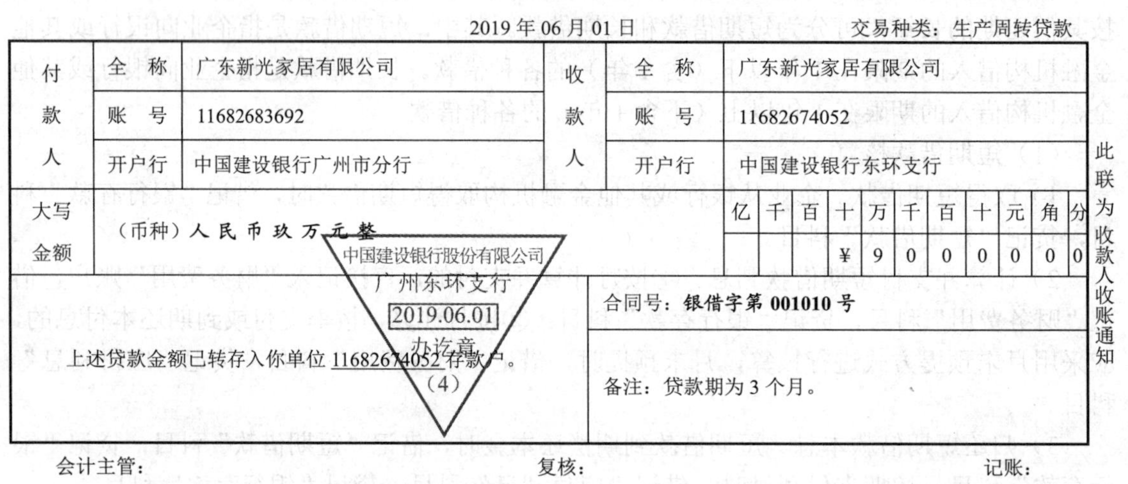

中国建设银行对公客户收款通知单

2019 年 06 月 01 日　　　　交易种类：生产周转贷款

付款人	全　称	广东新光家居有限公司	收款人	全　称	广东新光家居有限公司
	账　号	11682683692		账　号	11682674052
	开户行	中国建设银行广州市分行		开户行	中国建设银行东环支行
大写金额	（币种）人民币玖万元整		亿千百十万千百十元角分	¥ 9 0 0 0 0 0 0	
上述贷款金额已转存入你单位 11682674052 存款户。			合同号：银借字第 001010 号 备注：贷款期为 3 个月。		

此联为收款人收账通知

会计主管：　　复核：　　记账：

图 4-26　借款转存凭证

2）按月计提利息时：

$$每月利息=90\,000\times(4\%/12)\times1\approx300（元）$$

借：财务费用　　　　300.00

　　贷：应付利息　　　　300.00

3）到期还本付息时：

$$应付利息=300\times3=900（元）$$

借：短期借款　　　　90 000.00
　　应付利息　　　　900.00
　　贷：银行存款　　　　90 900.00

（2）长期借款核算

1）取得长期借款。企业从银行或其他金融机构取得长期借款时，借记“银行存款”科目，贷记“长期借款——本金”科目。

2）发生长期借款利息。包括：①到期一次还本付息的长期借款的应付未付利息通过“长期借款——应计利息”账户核算；分期付息到期还本的长期借款的应付未付利息通过“应付利息”账户核算。②长期借款所发生的利息支出，应当按照权责发生制原则按期预提，并计入有关成本费用。属于筹建期间的利息支出，计入管理费用；用于购建、改扩建固定资产的长期借款，在固定资产尚未达到预定可使用状态前所发生的符合资本化条件的利息支出，计入所购建或改扩建固定资产的价值；属于生产经营期间不符合资本化条件的利息支出，计入财务费用。

3）归还长期借款本息。长期借款到期偿还本金时，借记“长期借款——本金”科目，贷记“银行存款”科目；按期支付利息时，借记“应付利息”或“长期借款——应计利息”科目，贷记“银行存款”科目。

【例 4-4】新光公司 2019 年 7 月 1 日向中国建设银行借入一笔购建固定资产用长期借款，金额为 200 000 元，期限为 3 年，年利率为 6%，借款协议约定，该笔借款分期付息，到期还本。新光公司账务处理如下。

1）编制取得长期借款的会计分录。

借：银行存款　　　　200 000.00
　　贷：长期借款　　　　200 000.00

2）编制取得长期借款的记账凭证，如图 4-27 所示。

记　账　凭　证

2019 年 7 月 1 日　　　　记字第 4 号

摘　要	总账科目	明细科目	借方金额										贷方金额										账页或√
			千	百	十	万	千	百	十	元	角	分	千	百	十	万	千	百	十	元	角	分	
取得长期借款	银行存款				2	0	0	0	0	0	0	0											
	长期借款														2	0	0	0	0	0	0	0	
附属单证　1　张		合　计		¥	2	0	0	0	0	0	0	0		¥	2	0	0	0	0	0	0	0	

会计主管：陈健平　　记账：杨东梅　　审核：谢晓霞　　制单：杨东梅

图 4-27　取得长期借款业务记账凭证

4.3 采购业务记账凭证的填制

采购业务主要是指企业购建固定资产，采购材料物资、办公用品等经济业务。

4.3.1 购建固定资产

1. 账户设置

企业购建固定资产一般需设置“固定资产”“在建工程”“应交税费”等账户进行核算。

（1）“在建工程”账户

“在建工程”账户核算企业基建、更新改造等在建工程发生的支出。该账户属于资产类账户，借方登记企业各项在建工程发生的实际支出，包括领用工程物资、职工薪酬、安装设备、安装成本、出包工程价款和基建管理费等，贷方登记完工工程转出的成本，期末余额在借方，表示企业尚未达到预定可使用状态的在建工程的成本。

“在建工程”账户按建筑工程、安装工程、在安装设备等设置明细分类账，进行明细分类核算。“在建工程”账户结构如图4-28所示。

借方　　　　在建工程	贷方
期初：期初在建工程的成本 本期：登记企业各项在建工程发生的实际支出	登记完工工程转出的成本
期末：企业尚未达到预定可使用状态的在建工程的成本	

图4-28　“在建工程”账户结构

（2）“应交税费”账户

“应交税费”账户核算企业各种税费的交纳情况。该账户属于负债类账户，贷方登记企业按规定计算结转应交的各种税费，借方登记企业实际交纳的各种税费和应抵扣的税金，期末余额一般在贷方，表示企业尚未交纳的各种税费；期末如为借方余额，表示企业多交或尚未抵扣的税费。

“应交税费”账户应按税费的种类设置明细分类账，进行明细分类核算。“应交税费”账户结构如图4-29所示。

借方	应交税费　　　　贷方
本期：登记企业实际交纳的各种税费和应抵扣的税金	期初：企业结存尚未交纳的各种税费 登记企业按规定计算结转应交的各种税费
	期末：企业尚未交纳的各种税费

图4-29　“应交税费”账户结构

2. 会计核算

（1）购进不需安装固定资产的核算

不需安装固定资产，是指企业购进后不需要安装就可直接交付使用的固定资产。企业购进不需安装固定资产，应按实际支付的购买价款、相关税费、使固定资产达到预定可使用状态前所发生的可归属于该项固定资产的运输费、装卸费和专业人员服务费等，作为固定资产成本，借记“固定资产”科目，贷记“银行存款”等科目。一般纳税人企业购进机器设备等固定资产的进项税额可在销项税额中抵扣，不计入固定资产的成本。

【例 4-5】新光公司 2019 年 6 月 16 日向广东芳村机械有限公司（以下简称芳村公司）购入不需要安装的锯木机 1 台，取得增值税专用发票，发票注明价款 80 000 元，增值税税率为 13%，款项已支付。新光公司账务处理如下。

1）编制会计分录。

借：固定资产——锯木机　　80 000.00
　　应交税费——应交增值税（进项税额）　　10 400.00
　　贷：银行存款　　90 400.00

2）填制记账凭证，如图 4-30 所示。

记 账 凭 证

2019 年 6 月 16 日　　记字第 5 号

摘　要	总账科目	明细科目	借方金额										贷方金额										账页或√
			千	百	十	万	千	百	十	元	角	分	千	百	十	万	千	百	十	元	角	分	
购买锯木机	固定资产	锯木机				8	0	0	0	0	0	0											
	应交税费	应交增值税（进项税额）				1	0	4	0	0	0	0											
	银行存款															9	0	4	0	0	0	0	
附属单证　3　张		合　计			¥	9	0	4	0	0	0	0			¥	9	0	4	0	0	0	0	

会计主管：陈健平　　记账：杨东梅　　审核：谢晓霞　　制单：杨东梅

图 4-30　购买锯木机业务记账凭证

3）附原始凭证：增值税专用发票，如图 4-31 所示。

广东增值税专用发票

4401541282　　　　No 425363051

开票日期：2019 年 06 月 16 日

<table>
<tr><td>购买方</td><td colspan="5">名　　称：广东新光家居有限公司
纳税人识别号：440103256268024
地址、　电话：番禺区东环路 120 号　020-56327581
开户行及账号：中国建设银行东环支行 11682674052</td><td>密码区</td><td colspan="3">（略）</td></tr>
<tr><td colspan="2">货物或应税劳务、服务名称</td><td>规格型号</td><td>单位</td><td>数量</td><td>单价</td><td>金额</td><td>税率</td><td colspan="2">税额</td></tr>
<tr><td colspan="2">*通用设备*锯木机</td><td></td><td>台</td><td>1</td><td>80 000.00</td><td>80 000.00</td><td>13%</td><td colspan="2">10 400.00</td></tr>
<tr><td colspan="2">合　计</td><td></td><td></td><td></td><td></td><td>¥80 000.00</td><td></td><td colspan="2">¥10 400.00</td></tr>
<tr><td colspan="2">价税合计（大写）</td><td colspan="8">⊗玖万零肆佰圆整　　（小写）¥90 400.00</td></tr>
<tr><td>销售方</td><td colspan="5">名　　称：广东芳村机械有限公司
纳税人识别号：440105307268034
地址、　电话：芳村区芳村大道 2 号　020-83682585
开户行及账号：中国工商银行芳村支行 11629413054</td><td>备注</td><td colspan="3">广东芳村机械有限公司
440105307268034
发票专用章</td></tr>
</table>

收款人：刘丽纯　　复核：陈丽芬　　开票人：林娜　　销售方：（章）

第三联：发票联　购买方记账凭证

图 4-31　增值税专用发票

（2）购进需要安装固定资产的核算

需要安装固定资产，是指不能直接交付使用，必须经过安装调试后才能投入使用的固定资产。企业购进需要安装的固定资产，应按实际支付的购买价款、运输费、装卸费、相关税费等，借记“在建工程”科目，贷记“银行存款”等科目；支付安装费时，借记“在建工程”科目，贷记“银行存款”等科目；安装完毕达到预定可使用状态时，按其实际成本，借记“固定资产”科目，贷记“在建工程”科目。

【例 4-6】新光公司 2019 年 7 月 18 日向芳村公司购入需要安装的全自动锯木机 1 台，取得增值税专用发票，发票注明价款 200 000 元，增值税税率为 13%；运费增值税专用发票注明运杂费 2 500 元，增值税税率为 9%，款项已支付。7 月 24 日，设备安装完工交付使用，支付安装费 1 800 元，增值税税额为 162 元。新光公司账务处理如下。

1）7 月 18 日购进全自动锯木机时：

① 编制会计分录。

借：在建工程——在安装设备（全自动锯木机）　202 500.00
　　应交税费——应交增值税（进项税额）　26 225.00
　贷：银行存款　228 725.00

② 填制记账凭证，如图 4-32 所示。

记　账　凭　证

2019 年 7 月 18 日　　　　记字第 6 号

摘　要	总账科目	明细科目	借方金额										贷方金额										账页或√
			千	百	十	万	千	百	十	元	角	分	千	百	十	万	千	百	十	元	角	分	
购买全自动锯木机	在建工程	在安装设备（全自动锯木机）			2	0	2	5	0	0	0	0											
	应交税费	应交增值税（进项税额）				2	6	2	2	5	0	0											
	银行存款														2	2	8	7	2	5	0	0	
附属单证　4　张		合　计		¥	2	2	8	7	2	5	0	0		¥	2	2	8	7	2	5	0	0	

会计主管：陈健平　　记账：杨东梅　　审核：谢晓霞　　制单：杨东梅

图 4-32　购买全自动锯木机业务记账凭证

2）7 月 24 日支付安装费时：

借：在建工程——在安装设备（全自动锯木机）　　1 800.00

　　应交税费——应交增值税（进项税额）　　162.00

　　贷：银行存款　　1 962.00

3）设备安装完工达到预定可使用状态时：

借：固定资产——全自动锯木机　　204 300.00

　　贷：在建工程——在安装设备（全自动锯木机）　　204 300.00

4.3.2　购买原材料

1. 账户设置

企业购买原材料，一般需设置“原材料”“在途物资”“应付账款”“应付票据”等账户进行核算。

（1）“在途物资”账户

“在途物资”账户属于资产类账户，适用于采用实际成本（进价）法进行材料、商品等物资的日常核算的企业，核算已购买但尚未验收入库的各种物资的采购成本。该账户借方登记企业购入在途物资的实际成本，贷方登记验收入库的在途物资的实际成本，期末余额在借方，表示企业在途物资的采购成本。

“在途物资”账户应按供应单位和物资品种设置明细分类账，进行明细分类核算。“在途物资”账户结构如图 4-33 所示。

借方	在途物资 贷方
期初：企业在途物资的采购成本	
本期：登记企业购入在途物资的实际成本	登记验收入库的在途物资的实际成本
期末：企业在途物资的采购成本	

图 4-33 “在途物资”账户结构

（2）“应付账款”账户

“应付账款”账户核算企业应付账款的发生、偿还、转销及结存情况。该账户属于负债类账户，贷方登记企业购买材料、商品等物资和接受劳务等而发生的应付账款，借方登记企业偿还的应付账款、开出商业汇票抵付的应付账款，以及转销的无法支付的应付账款，期末余额一般在贷方，表示企业尚未支付的应付账款余额。

“应付账款”账户一般应按债权人设置明细分类账，进行明细分类核算。“应付账款”账户结构如图 4-34 所示。

借方	应付账款 贷方
	期初：企业尚未支付的应付账款余额
本期：登记企业偿还的应付账款、开出商业汇票抵付的应付账款，以及转销的无法支付的应付账款	登记企业购买材料、商品等物资和接受劳务等而发生的应付账款
	期末：企业尚未支付的应付账款余额

图 4-34 “应付账款”账户结构

（3）“应付票据”账户

“应付票据”账户核算企业应付票据的发生、偿付及结存情况。该账户属于负债类账户，贷方登记开出、承兑商业汇票的面值及带息商业汇票的预提利息，借方登记企业到期支付（或结转）商业汇票的金额，期末余额一般在贷方，表示企业尚未到期的商业汇票的票面金额和应付未付的利息。

“应付票据”账户可按供货商（债权人）设置明细分类账，进行明细分类核算。“应付票据”账户结构如图 4-35 所示。

借方	应付票据 贷方
	期初：企业尚未到期的商业汇票的票面金额和应付未付的利息
本期：登记企业到期支付（或结转）商业汇票的金额	登记开出、承兑商业汇票的面值及带息商业汇票的预提利息
	期末：企业尚未到期的商业汇票的票面金额和应付未付的利息

图 4-35 “应付票据”账户结构

2. 会计核算

（1）结算票据已收到，材料已验收入库

企业应根据取得的发票等结算凭证所记载的材料实际成本，借记“原材料”科目；根据增值税专用发票上注明的税额，借记“应交税费——应交增值税（进项税额）”科目；根据实际支付或应付的金额，贷记“银行存款”“应付账款”“应付票据”等科目。

【例 4-7】新光公司 2019 年 6 月 18 日，向西丽公司购买油漆 100 桶，单价 280 元，收到增值税专用发票，增值税税率为 13%，油漆已验收入库，款项已支付。新光公司账务处理如下。

1）编制会计分录。

借：原材料——油漆　　28 000.00

　　应交税费——应交增值税（进项税额）　　3 640.00

　　贷：银行存款　　31 640.00

2）填制记账凭证，如图 4-36 所示。

记　账　凭　证

2019 年 6 月 18 日　　　　记字第 7 号

摘　要	总账科目	明细科目	借方金额										贷方金额										账页或√
			千	百	十	万	千	百	十	元	角	分	千	百	十	万	千	百	十	元	角	分	
购买油漆	原材料	油漆				2	8	0	0	0	0	0											
	应交税费	应交增值税（进项税额）					3	6	4	0	0	0											
	银行存款															3	1	6	4	0	0	0	
附属单证　3　张		合　计			¥	3	1	6	4	0	0	0			¥	3	1	6	4	0	0	0	

会计主管：陈健平　　记账：杨东梅　　审核：谢晓霞　　制单：杨东梅

图 4-36　购买油漆业务记账凭证

3）附原始凭证：增值税专用发票和收料单，如图 4-37 和图 4-38 所示。

广东增值税专用发票

4401281287 

№432363031

开票日期：2019 年 06 月 18 日

购买方	名　　称：广东新光家居有限公司 纳税人识别号：440103256268024 地址、　电话：番禺区东环路 120 号　020-56327581 开户行及账号：中国建设银行东环支行 11682674052				密码区	（略）		
货物或应税劳务、服务名称	规格型号	单位	数量	单价	金额		税率	税额
*涂料*油漆		桶	100	280.00	28 000.00		13%	3 640.00
合　　计					¥28 000.00			¥3 640.00
价税合计（大写）	⊗叁万壹仟陆佰肆拾圆整					（小写）¥31 640.00		
销售方	名　　称：广东西丽建材有限公司 纳税人识别号：440103568268026 地址、　电话：番禺区西丽南路 2 号　020-56637584 开户行及账号：中国建设银行西丽支行 11606313052				备注	广东西丽建材有限公司 440103568268026 发票专用章		

第三联：发票联　购买方记账凭证

收款人：张佳纯　　复核：李丽芬　　开票人：尚晓娜　　销售方：（章）

图 4-37　增值税专用发票

收　料　单

2019 年 6 月 18 日　　收字第 01201 号

材料名称	规格型号	单位	应收数量	实收数量	金额（元）
油漆		桶	100	100	28 000.00

仓库主管：陈德明　　验收：李怡华　　收料：朱永材

图 4-38　收料单

（2）结算票据已收到，材料未收到

企业应根据取得的发票等结算凭证所记载的材料实际成本，记入“在途物资”账户，待收到材料并验收入库后，再根据收料单，由“在途物资”账户结转到“原材料”账户。

如果企业购入两种或两种以上的材料，其共同发生的采购费用，应在各种材料之间进行合理分配，分配标准可以是重量、价值、长度等，分配后计入各材料的采购成本。其计算公式为

采购费用分配率＝共同采购费用÷各材料重量（价值或长度）之和

某材料应分配的采购费用＝采购费用分配率×该材料的重量（价值或长度）

知识拓展 4-1

材料采购成本

材料采购成本由买价、采购费用和相关税费 3 部分组成。买价是指购买材料时实际支付的不含税价款。采购费用是指材料采购过程中发生的应计入材料成本的费用，包括运输费、包装费、装卸费、途中保险费、运输途中合理损耗及入库前的挑选整理费用等。相关税费是指购买材料而发生的应计入材料成本的税费，包括进口关税、消费税、资源税和不能抵扣的增值税进项税额等。

【例 4-8】新光公司 2019 年 6 月 22 日向梅江公司采购木料一批，收到增值税专用发票，发票注明价款 89 000 元，其中木条 25 000 元，木板 64 000 元，增值税额为 11 570 元，木料尚未收到，货款暂未支付。新光公司账务处理如下。

1）编制会计分录。

借：在途物资——梅江公司　　89 000.00

　　应交税费——应交增值税（进项税额）　　11 570.00

　　贷：应付账款——梅江公司　　100 570.00

2）填制记账凭证，如图 4-39 所示。

记　账　凭　证

2019 年 6 月 22 日　　记字第 8 号

摘　要	总账科目	明细科目	借方金额										贷方金额										账页或√
			千	百	十	万	千	百	十	元	角	分	千	百	十	万	千	百	十	元	角	分	
采购木料	在途物资	梅江公司				8	9	0	0	0	0	0											
	应交税费	应交增值税（进项税额）				1	1	5	7	0	0	0											
	应付账款	梅江公司													1	0	0	5	7	0	0	0	
附属单证　1　张		合　计		¥	1	0	0	5	7	0	0	0		¥	1	0	0	5	7	0	0	0	

会计主管：陈健平　　记账：杨东梅　　审核：谢晓霞　　制单：杨东梅

图 4-39　采购木料业务记账凭证

3）附原始凭证：增值税专用发票，如图4-40所示。

4408241741

№ 421061396

开票日期：2019年06月22日

购买方	名　　称：广东新光家居有限公司 纳税人识别号：440103256268024 地址、电话：番禺区东环路120号 020-56327581 开户行及账号：中国建设银行东环支行 11682674052				密码区	（略）		
货物或应税劳务、服务名称		规格型号	单位	数量	单价	金额	税率	税额
*林业产品*木条			根	1 000	25.00	25 000.00	13%	3 250.00
*林业产品*木板			块	800	80.00	64 000.00	13%	8 320.00
合　计						¥89 000.00		¥11 570.00
价税合计（大写）		⊗壹拾万零伍佰柒拾圆整				（小写）¥100 570.00		
销售方	名　　称：广东梅江木材有限公司 纳税人识别号：440806835268026 地址、电话：梅州市梅江路6号 0753-8835542 开户行及账号：中国银行梅江支行 18722683058				备注	广东梅江木材有限公司 440806835268026 发票专用章		

收款人：张泽林　　复核：李立华　　开票人：陈红娜　　销售方：（章）

第三联：发票联　购买方记账凭证

图4-40　增值税专用发票

【例4-9】承例4-8，新光公司2019年6月28日收到6月22日向梅江公司采购的木料，支付运费890元，运费按材料价值进行分配，木料验收合格入库。新光公司账务处理如下。

1）支付运费（采购费用）时：

借：在途物资——梅江公司　　890.00

　贷：银行存款　　890.00

2）计算材料采购成本：

材料采购费用分配率＝890/（25 000＋64 000）＝0.01

木条采购成本＝25 000＋0.01×25 000＝25 250（元）

木板采购成本＝64 000＋0.01×64 000＝64 640（元）

3）材料验收入库时：

借：原材料——木条　　25 250.00

　　　　——木板　　64 640.00

　贷：在途物资——梅江公司　　89 890.00

4.3.3 购买办公用品

1. 账户设置

企业购买办公用品，一般需设置“管理费用”等账户进行核算。

“管理费用”账户，核算企业管理费用的发生和结转情况。该账户属于损益类账户，借方登记企业发生的各项管理费用，贷方登记期末结转到“本年利润”账户的管理费用，期末结转后该账户应无余额。

“管理费用”账户应按费用项目设置明细分类账，进行明细分类核算。“管理费用”账户结构如图 4-41 所示。

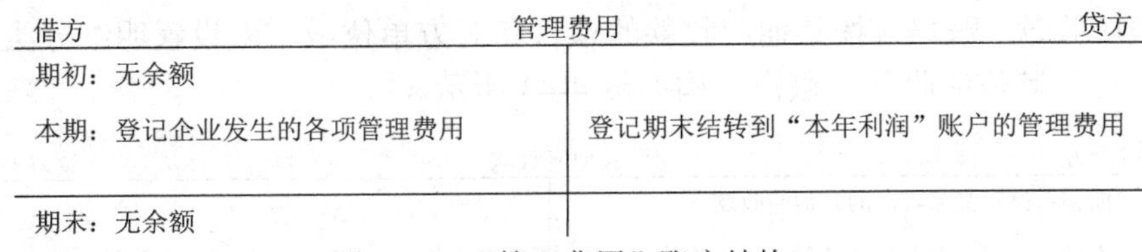

图 4-41　“管理费用”账户结构

2. 会计核算

企业购买办公用品，应按实际发生的金额，借记“管理费用”等科目，贷记“库存现金”“银行存款”等科目。

【例 4-10】新光公司 2019 年 6 月 24 日购买打印机用硒鼓 10 个，单价 80 元，交行政办公室使用，以现金支付。新光公司账务处理如下。

1）编制会计分录。

借：管理费用——办公费　　800.00

　　贷：库存现金　　800.00

2）填制记账凭证，如图 4-42 所示。

记　账　凭　证

2019 年 6 月 24 日　　　　记字第 9 号

摘　要	总账科目	明细科目	借方金额										贷方金额										账页或√
			千	百	十	万	千	百	十	元	角	分	千	百	十	万	千	百	十	元	角	分	
购买硒鼓	管理费用	办公费						8	0	0	0	0											
	库存现金																	8	0	0	0	0	
附属单证　1　张		合　计					¥	8	0	0	0	0					¥	8	0	0	0	0	

会计主管：陈健平　　记账：杨东梅　　审核：谢晓霞　　制单：杨东梅

图 4-42　购买硒鼓业务记账凭证

4.3.4　预借与报销差旅费

业务员出差进行材料采购，通常需要预借差旅费；采购完成，则回单位报销差旅费。

1. 账户设置

企业差旅费业务，一般需设置“其他应收款”等账户进行核算。

“其他应收款”账户，核算企业其他应收款的增减变动及其结余情况。该账户属于资产类账户，借方登记企业发生的各种其他应收款项，贷方登记企业收到的其他应收款项和结转情况，期末余额一般在借方，表示企业尚未收回的其他应收款项。

“其他应收款”账户应按其他应收款的项目和对方单位或个人设置明细分类账，进行明细分类核算。“其他应收款”账户结构如图 4-43 所示。

借方　　　　　　　其他应收款	贷方
期初：结存尚未收回的其他应收款 本期：登记企业发生的各种其他应收款项	登记企业收到的其他应收款项和结转情况
期末：企业尚未收回的其他应收款项	

图 4-43　“其他应收款”账户结构

2. 会计核算

企业发生业务员预借差旅费时，应按实际借款金额，借记“其他应收款”科目，贷记“库存现金”等科目；业务员出差完成报销差旅费时，应按实际发生的差旅费，借记“管理费用”科目，按借款金额，贷记“其他应收款”科目，按其差额（收回的多余借款或补付的不足款），借记或贷记“库存现金”等科目。

【例 4-11】新光公司采购员李天明 2019 年 6 月 24 日外出采购，预借差旅费 2 000 元，财务部门以现金支付；6 月 28 日，李天明出差归来，报销差旅费 1 800 元，交还多余款 200 元。新光公司账务处理如下。

1）预借差旅费时：

① 编制会计分录。

借：其他应收款——李天明　　　　2 000.00

　　贷：库存现金　　　　2 000.00

② 填制记账凭证，如图 4-44 所示。

记　账　凭　证

2019 年 6 月 24 日　　　　记字第 10 号

摘　要	总账科目	明细科目	借方金额										贷方金额										账页或√
			千	百	十	万	千	百	十	元	角	分	千	百	十	万	千	百	十	元	角	分	
预借差旅费	其他应收款	李天明					2	0	0	0	0	0											
	库存现金																2	0	0	0	0	0	
附属单证　1　张		合　计				¥	2	0	0	0	0	0				¥	2	0	0	0	0	0	

会计主管：陈健平　　记账：杨东梅　　审核：谢晓霞　　制单：杨东梅

图 4-44　预借差旅费业务记账凭证

③ 附原始凭证：借据，如图 4-45 所示。

借　　据　　No 0001045

2019 年 6 月 24 日

借款人	李天明	借款事由	外出采购
借款金额	人民币（大写）：⊗拾⊗万贰仟零佰零拾零元零角零分　¥2 000.00		
负责人审批	同意 郑晓敏　　现金付讫		

第三联 记账

会计主管：陈健平　　复核：杨东梅　　出纳：谢晓霞　　签收：李天明

图 4-45　借据

2）报销并退还多余款项时：

借：管理费用——差旅费　　1 800.00

　　库存现金　　200.00

　　贷：其他应收款——李天明　　2 000.00

4.4　生产业务记账凭证的填制

生产业务是指企业投入材料、支付人工费用及发生各种生产消耗，进行产品生产，并将完工产品验收入库的经济业务。生产业务主要包括生产费用的归集与分配、完工产品成本的计算与结转两大方面。

知识拓展 4-2

生产成本与生产费用的关系

企业在生产过程中发生的、用货币形式表示的生产耗费，称为生产费用。这些费用归集、分配到一定种类的产品中，从而形成各种产品的生产成本，即企业为生产一定种类、一定数量产品所支出的各种生产费用对象化于产品，就形成了这些产品的成本。

生产费用是生产成本形成的基础。生产费用是在一定期间为了进行生产经营活动而发生的各种耗费，生产费用与发生的期间直接相关，即生产费用强调“期间”。而生产成本是为生产某一产品或提供某一劳务所消耗的生产费用，生产成本与负担者直接相关，即生产成本强调“对象”。

4.4.1　生产费用的归集与分配

1. 账户设置

企业生产费用的归集与分配业务，一般需设置“生产成本”“制造费用”“应付职工薪酬”“累计折旧”“累计摊销”等账户进行核算。

（1）“生产成本”账户

“生产成本”账户核算企业进行工业性生产而发生的各项生产成本，包括生产各种产品（产成品、自制半成品等）、自制材料、自制工具、自制设备等。该账户属于成本类账户，借方登记企业工业性生产所发生的各项生产费用，贷方登记产品完工转出的生产成本，期末余额在借方，表示尚未加工完成的各项在产品的成本。

“生产成本”账户应按产品品种等成本核算对象设置“基本生产成本”和“辅助生产成本”明细分类账，进行明细分类核算。其中，“基本生产成本”应当分别按基本生产车间和成本核算对象（产品品种、类别、订单、批别、生产阶段等）设置明细分类账，并按规定的成本项目设置专栏；“辅助生产成本”应按辅助生产车间和提供的产品、劳务设置明细分类账。“生产成本”账户结构如图 4-46 所示。

借方　　　　生产成本	贷方
期初：尚未加工完成的各项在产品成本 本期：登记企业工业性生产所发生的各项生产费用	登记产品完工转出的生产成本
期末：尚未加工完成的各项在产品成本	

图 4-46　“生产成本”账户结构

（2）“制造费用”账户

制造费用是指企业为生产产品（或提供劳务）而发生的，应计入产品成本但没有专设成本项目的各项生产费用，包括车间机物料消耗、车间管理人员的薪酬、车间管理用房屋和设备的折旧费、租赁费（经营租赁）和保险费，车间管理用具摊销，车间管理用的照明费、水费、取暖费、劳动保护费、设计制图费、试验检验费、差旅费、办公费、信息系统维护费，以及季节性及修理期间停工损失等。

“制造费用”账户核算企业生产车间（部门）为生产产品和提供劳务而发生的各项间接费用，以及虽然直接用于产品生产但管理上不要求或不便于单独核算的费用，该账户属于成本类账户，借方登记企业生产车间（部门）发生的各项间接费用，贷方登记期末转入“生产成本”账户的制造费用，结转后该账户应无余额。该账户可按不同的生产车间、部门和费用项目设置明细分类账，进行明细分类核算。“制造费用”账户结构如图 4-47 所示。

借方　　　　制造费用	贷方
期初：无余额 本期：登记企业生产车间（部门）发生的各项间接费用	登记期末转入“生产成本”账户的制造费用
期末：无余额	

图 4-47　“制造费用”账户结构

（3）“应付职工薪酬”账户

“应付职工薪酬”账户核算企业职工薪酬的结算和分配情况。该账户属于负债类账户，

贷方登记已分配计入有关成本费用项目的职工薪酬的数额，借方登记实际发放职工薪酬的数额和各种扣还的代扣代垫款，期末余额一般在贷方，表示企业应付未付的职工薪酬。

“应付职工薪酬”账户应按“工资”“职工福利”“社会保险费”“住房公积金”“工会经费”“职工教育经费”“非货币性福利”等项目设置明细分类账，进行明细分类核算。“应付职工薪酬”账户结构如图 4-48 所示。

借方	应付职工薪酬 贷方
	期初：企业应付未付的职工薪酬
本期：登记实际发放职工薪酬的数额和各种扣还的代扣代垫款	登记已分配计入有关成本费用项目的职工薪酬的数额
	期末：企业应付未付的职工薪酬

图 4-48 “应付职工薪酬”账户结构

（4）“累计折旧”账户

“累计折旧”账户核算固定资产折旧的增减变动及其结余情况。该账户属于资产类账户，是“固定资产”账户的备抵调整账户，贷方登记企业按月计提的固定资产折旧，借方登记处置固定资产转出的累计折旧，期末余额在贷方，表示企业已计提固定资产的累计折旧额。

“累计折旧”账户可按固定资产的类别和项目设置明细分类账，进行明细分类核算。“累计折旧”账户结构如图 4-49 所示。

借方	累计折旧 贷方
	期初：企业已计提固定资产的累计折旧额
本期：登记处置固定资产转出的累计折旧	登记企业按月计提的固定资产折旧
	期末：企业已计提固定资产的累计折旧额

图 4-49 “累计折旧”账户结构

知识拓展 4-3

固定资产折旧

固定资产折旧是指在固定资产预计使用寿命内，按照确定的方法对应计提折旧额进行系统分摊，即将固定资产的取得成本在其使用寿命内进行合理分摊，使之与各期的收入相配比，以正确确认企业的损益。企业应按月计提折旧，计提的折旧应记入“累计折旧”账户，并根据其用途计入相关资产的成本或当期损益。

（5）“累计摊销”账户

“累计摊销”账户核算无形资产摊销的增减变动及其结余情况。该账户属于资产类账户，是“无形资产”账户的备抵调整账户，贷方登记按月计提的无形资产摊销，借方登记处置转出的无形资产的累计摊销额，期末余额在贷方，表示企业无形资产的累计摊销额。

“累计摊销”账户可按无形资产项目或类别设置明细分类账，进行明细分类核算。“累计摊销”账户结构如图4-50所示。

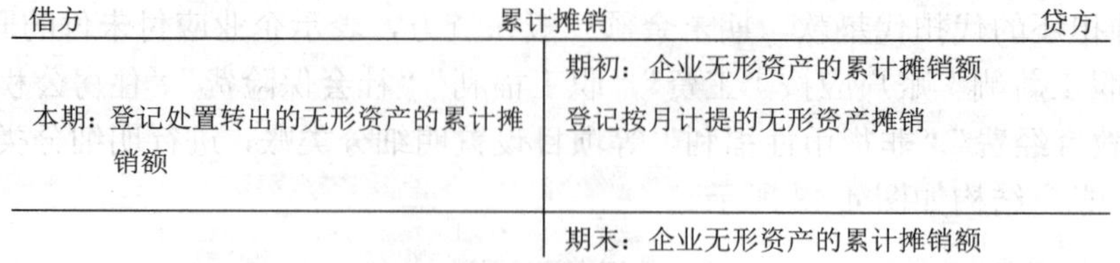

图4-50 “累计摊销”账户结构

2. 会计核算

生产费用是企业在生产过程中发生的、用货币形式表示的耗费。企业生产费用按其计入产品成本的方式，可分为直接费用和间接费用两种。直接费用是指企业生产产品过程中实际消耗的直接材料和直接人工。间接费用是指企业为生产产品和提供劳务而发生的各项间接支出，即制造费用。企业生产费用核算，主要包括直接材料的归集与分配、直接人工的归集与分配，以及制造费用的归集与分配等业务核算。

（1）直接材料的归集与分配

直接材料是指企业在生产产品过程中实际消耗的、直接用于产品生产、构成产品实体的原材料、半成品、辅助材料、修理用备件和材料在使用过程中发生的运输、装卸、整理等费用。企业为生产产品领用直接材料，根据各产品领用的材料量，借记“生产成本——基本生产成本”科目，贷记“原材料”科目。

【例4-12】新光公司对原材料采用实际成本法进行核算，根据2019年6月领料单等发料凭证汇总编制本月发出材料汇总表，见表4-2。

表4-2 发出材料汇总表

2019年6月30日　　金额单位：元

部门/用途	木条			木板			油漆			合计
	数量	单价	金额	数量	单价	金额	数量	单价	金额	
书桌	2 030	25.00	50 750.00	870	80.00	69 600.00	87	280.00	24 360.00	144 710.00
餐桌	2 100	25.00	52 500.00	840	80.00	67 200.00	126	280.00	35 280.00	154 980.00
合计			103 250.00			136 800.00			59 640.00	299 690.00

会计主管：陈健平　　复核：杨东梅　　制表：梁芳

根据表4-2进行本月发出材料的总分类核算。新光公司账务处理如下。

1）编制会计分录。

借：生产成本——书桌　　144 710.00
　　　　　　——餐桌　　154 980.00
　贷：原材料——木条　　103 250.00
　　　　　　——木板　　136 800.00
　　　　　　——油漆　　59 640.00

2）填制记账凭证，如图4-51所示。

记　账　凭　证

2019年6月30日　　　　记字第11号

摘　要	总账科目	明细科目	借方金额										贷方金额										账页或√
			千	百	十	万	千	百	十	元	角	分	千	百	十	万	千	百	十	元	角	分	
材料成本分配	生产成本	书桌			1	4	4	7	1	0	0	0											
		餐桌			1	5	4	9	8	0	0	0											
	原材料	木条													1	0	3	2	5	0	0	0	
		木板													1	3	6	8	0	0	0	0	
		油漆														5	9	6	4	0	0	0	
附属单证　1　张		合　计		¥	2	9	9	6	9	0	0	0		¥	2	9	9	6	9	0	0	0	

会计主管：陈健平　　记账：杨东梅　　审核：谢晓霞　　制单：杨东梅

图4-51　材料成本分配业务记账凭证

（2）直接人工的归集与分配

直接人工是指企业在生产产品过程中直接从事产品生产的工人的职工薪酬。企业为生产产品而发生的直接人工，应根据工资结算汇总表和有关分配标准等资料，借记“生产成本——基本生产成本”科目，贷记“应付职工薪酬”科目。

【例4-13】新光公司2019年6月应付工资总额为90 000元，工资费用分配汇总表见表4-3。

表4-3　工资费用分配汇总表

2019年6月30日　　　　单位：元

应借科目		生产工人	车间管理	行政管理	合计
生产成本	书桌	28 000.00			28 000.00
	餐桌	32 000.00			32 000.00
制造费用			16 000.00		16 000.00
管理费用				14 000.00	14 000.00
合计		60 000.00	16 000.00	14 000.00	90 000.00

会计主管：陈健平　　复核：杨东梅　　制表：梁芳

根据表4-3进行工资费用的分配。新光公司账务处理如下。

1）编制会计分录。

借：生产成本——书桌　　28 000.00

　　　　　　——餐桌　　32 000.00

　　制造费用　　16 000.00

　　管理费用　　14 000.00

　　贷：应付职工薪酬——工资　　90 000.00

2）填制记账凭证，如图4-52所示。

记账凭证

2019 年 6 月 30 日　　　　记字第 12 号

摘要	总账科目	明细科目	借方金额										贷方金额										账页或√
			千	百	十	万	千	百	十	元	角	分	千	百	十	万	千	百	十	元	角	分	
工资费用分配	生产成本	书桌				2	8	0	0	0	0	0											
		餐桌				3	2	0	0	0	0	0											
	制造费用					1	6	0	0	0	0	0											
	管理费用					1	4	0	0	0	0	0											
	应付职工薪酬	工资														9	0	0	0	0	0	0	
附属单证 1 张		合计			¥	9	0	0	0	0	0	0			¥	9	0	0	0	0	0	0	

会计主管：陈健平　　记账：杨东梅　　审核：谢晓霞　　制单：杨东梅

图 4-52　工资费用分配业务记账凭证

（3）制造费用的归集与分配

制造费用是企业为生产产品和提供劳务而发生的各项间接费用。制造费用一般应按生产车间或部门进行归集，再根据制造费用的性质，合理选择方法进行分配。企业发生的各项制造费用，经归集与分配，最终转入产品生产成本。

1）制造费用的归集。企业生产车间发生的，不能直接计入产品成本的水电费、固定资产折旧、无形资产摊销等生产费用，在其发生时，统一归集到制造费用，借记“制造费用”科目，贷记“应付账款”“银行存款”“累计折旧”“累计摊销”等科目。

【例 4-14】新光公司 2019 年 6 月 30 日计提本月固定资产折旧，折旧计算表见表 4-4。

表 4-4　折旧计算表

2019 年 6 月 30 日　　　　金额单位：元

固定资产类型	固定资产价值	月折旧率	月折旧额
生产用固定资产	3 168 000.00	0.75%	23 760.00
非生产用固定资产	1 094 000.00	0.65%	7 111.00
合计	4 262 000.00	—	30 871.00

会计主管：陈健平　　复核：杨东梅　　制表：梁芳

根据表 4-4 进行本月固定资产折旧计提的总分类核算。新光公司账务处理如下。

1）编制会计分录。

借：制造费用　　23 760.00

　　管理费用　　7 111.00

　　贷：累计折旧　　30 871.00

2）填制记账凭证，如图 4-53 所示。

记 账 凭 证

2019 年 6 月 30 日　　　　　　　　记字第 13 号

摘　要	总账科目	明细科目	借方金额										贷方金额										账页或√
			千	百	十	万	千	百	十	元	角	分	千	百	十	万	千	百	十	元	角	分	
计提固定资产折旧	制造费用					2	3	7	6	0	0	0											
	管理费用						7	1	1	1	0	0											
	累计折旧															3	0	8	7	1	0	0	
附属单证 1 张		合　计			¥	3	0	8	7	1	0	0			¥	3	0	8	7	1	0	0	

会计主管：陈健平　　　记账：杨东梅　　　审核：谢晓霞　　　制单：杨东梅

图 4-53　计算固定资产折旧业务记账凭证

2）制造费用的分配。企业归集的制造费用，应采用一定的分配标准（如产品生产工时、生产工人工资比例等），分配计入有关产品生产成本中，分配时，借记“生产成本——基本生产成本”科目，贷记“制造费用”科目。其计算公式为

制造费用分配率＝制造费用总额÷各产品生产工时（或生产工人工资）之和

某产品应分配的制造费用＝制造费用分配率×该产品生产工时（或生产工人工资）

【例 4-15】新光公司归集汇总 2019 年 6 月发生的制造费用，依据产品生产工时进行分配，制造费用分配表见表 4-5。

表 4-5　制造费用分配表

2019 年 6 月 30 日

产品项目	分配标准（工时）	分配率（元/工时）	分配金额（元）
书桌	2 400	9.00	21 600.00
餐桌	2 600	9.00	23 400.00
合计	5 000	9.00	45 000.00

会计主管：陈健平　　　复核：杨东梅　　　制表：梁芳

根据表 4-5 进行本月制造费用分配的总分类核算。新光公司账务处理如下。

1）编制会计分录。

借：生产成本——书桌　　21 600.00

　　　　　　——餐桌　　23 400.00

　贷：制造费用　　45 000.00

2）填制记账凭证，如图 4-54 所示。

记 账 凭 证

2019 年 6 月 30 日　　　　记字第 14 号

摘　要	总账科目	明细科目	借方金额										贷方金额										账页或√
			千	百	十	万	千	百	十	元	角	分	千	百	十	万	千	百	十	元	角	分	
制造费用分配	生产成本	书桌				2	1	6	0	0	0	0											
		餐桌				2	3	4	0	0	0	0											
	制造费用															4	5	0	0	0	0	0	
附属单证	1　张	合　计			¥	4	5	0	0	0	0	0			¥	4	5	0	0	0	0	0	

会计主管：陈健平　　记账：杨东梅　　审核：谢晓霞　　制单：杨东梅

图 4-54　制造费用分配业务记账凭证

4.4.2 完工产品成本的计算与结转

1. 账户设置

企业完工产品成本计算与结转业务，一般需设置“库存商品”等账户进行核算。

“库存商品”账户核算企业库存商品的增减变动及其结存情况。该账户属于资产类账户，借方登记已完成生产过程并已验收入库的产成品的实际成本，以及盘盈产成品的实际成本，贷方登记发出（售出）产成品的实际成本，以及结转记入“待处理财产损溢”账户的盘亏、毁损产成品的实际成本，期末余额在借方，表示企业各种库存商品的实际成本。

“库存商品”账户应按其品种、规格等设置明细分类账，进行明细分类核算。“库存商品”账户结构如图 4-55 所示。

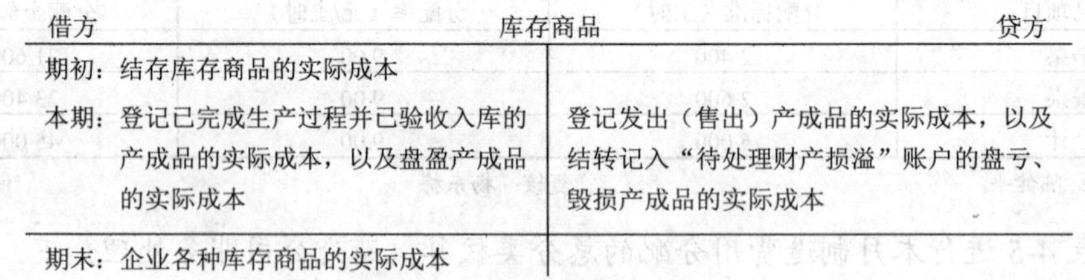

图 4-55　“库存商品”账户结构

2. 会计核算

企业产品成本计算，是指把生产过程中发生的应计入产品成本的费用，以产品作为成本计算对象进行归集，计算出各产品的总成本和单位成本。完工产品成本的计算公式为

本月完工产品成本＝月初在产品成本＋本月发生成本－月末在产品成本

如果没有在产品或者不计算在产品成本，则本月发生的成本费用就是本月完工产品成本，其计算公式简化为

本月完工产品成本＝本月发生成本费用

单位产品成本＝完工产品成本÷本月完工入库产品数量

企业计算出完工产品成本，在产品验收入库后，应将其从“生产成本”账户结转到“库存商品”账户，借记“库存商品”科目，贷记“生产成本——基本生产成本”科目。

【例 4-16】新光公司 2019 年 6 月没有期初在产品，本月投入产品全部完工入库，本月完工产品成本计算表见表 4-6。

表 4-6　完工产品成本计算表

2019 年 6 月 30 日　　　　单位：元

产品名称	完工产品数量	直接材料	直接人工	制造费用	合计
书桌	600 张	144 710.00	47 620.00	21 270.00	213 600.00
餐桌	400 套	154 980.00	51 280.00	22 940.00	229 200.00

会计主管：陈健平　　　　复核：杨东梅　　　　制表：梁芳

根据表 4-6 进行本月完工产品成本计算的总分类核算。新光公司账务处理如下。

1）编制会计分录。

借：库存商品——书桌　　　　213 600.00

　　　　　　——餐桌　　　　229 200.00

　贷：生产成本——书桌　　　　213 600.00

　　　　　　　——餐桌　　　　229 200.00

2）填制记账凭证，如图 4-56 所示。

记　账　凭　证

2019 年 6 月 30 日　　　　记字第 15 号

摘　要	总账科目	明细科目	借方金额										贷方金额										账页或√
			千	百	十	万	千	百	十	元	角	分	千	百	十	万	千	百	十	元	角	分	
产品成本计算	库存商品	书桌			2	1	3	6	0	0	0	0											
		餐桌			2	2	9	2	0	0	0	0											
	生产成本	书桌													2	1	3	6	0	0	0	0	
		餐桌													2	2	9	2	0	0	0	0	
附属单证　1　张		合　计		¥	4	4	2	8	0	0	0	0		¥	4	4	2	8	0	0	0	0	

会计主管：陈健平　　　记账：杨东梅　　　审核：谢晓霞　　　制单：杨东梅

图 4-56　产品成本计算业务记账凭证

4.5　销售业务记账凭证的填制

销售业务是指企业将生产出来的产品销售出去，实现产品价值的经济业务。企业除了销售产品，还可能发生销售材料等经济业务。

4.5.1　销售产品核算

1. 账户设置

企业产品销售业务一般需设置“主营业务收入”“主营业务成本”等账户进行核算。

（1）“主营业务收入”账户

“主营业务收入”账户核算企业销售商品（产品）、提供劳务等日常经营活动所取得的收入。该账户属于损益类账户，贷方登记企业销售商品（产品）、提供劳务等实现的主营业务收入，借方登记企业因发生销售折让、销售退回而冲减的收入和期末结转到“本年利润”账户的主营业务收入，期末结转后该账户应无余额。

“主营业务收入”账户应按主营业务种类（商品或劳务种类）设置明细分类账，进行明细分类核算。“主营业务收入”账户结构如图 4-57 所示。

借方　　主营业务收入	贷方
	期初：无余额
本期：登记企业因发生销售折让、销售退回而冲减的收入和期末结转到“本年利润”账户的主营业务收入	登记企业销售商品（产品）、提供劳务等实现的主营业务收入
	期末：无余额

图 4-57　“主营业务收入”账户结构

（2）“主营业务成本”账户

“主营业务成本”账户核算企业销售商品（产品）、提供劳务等日常经营活动所发生的实际成本。该账户属于损益类账户，借方登记企业销售商品（产品）、提供劳务等发生的实际成本，贷方登记企业因销售退回而冲减的商品成本和期末结转到“本年利润”账户的主营业务成本，期末结转后该账户应无余额。

“主营业务成本”账户应按主营业务种类（商品或劳务种类）设置明细分类账，进行明细分类核算。“主营业务成本”账户结构如图 4-58 所示。

借方　　主营业务成本	贷方
期初：无余额	
本期：登记企业销售商品（产品）、提供劳务等发生的实际成本	登记企业因销售退回而冲减的商品成本和期末结转到“本年利润”账户的主营业务成本
期末：无余额	

图 4-58　“主营业务成本”账户结构

2. 会计核算

1）企业销售商品，应在收入确认时，按实际收到或应收金额（包括增值税税额），借记“银行存款”“应收账款”“应收票据”等科目；按销售商品的价款，贷记“主营业务收入”科目；按应收的增值税税额，贷记“应交税费——应交增值税（销项税额）”科目。

【例 4-17】新光公司 2019 年 6 月 26 日向广东明光家居有限公司（以下简称明光公司）销售书桌 90 张，单价 490 元，餐桌 80 套，单价 850 元，开出增值税专用发票，增值税税率为 13%，款项已收存银行。新光公司账务处理如下。

1）编制会计分录。

借：银行存款　　126 673.00

　贷：主营业务收入——书桌　　44 100.00

　　　　　　　　——餐桌　　68 000.00

　　　应交税费——应交增值税（销项税额）　　14 573.00

2）填制记账凭证，如图 4-59 所示。

记 账 凭 证

2019 年 6 月 26 日　　　　记字第 16 号

摘　要	总账科目	明细科目	借方金额										贷方金额										账页或√
			千	百	十	万	千	百	十	元	角	分	千	百	十	万	千	百	十	元	角	分	
销售产品	银行存款				1	2	6	6	7	3	0	0											
	主营业务收入	书桌														4	4	1	0	0	0	0	
		餐桌														6	8	0	0	0	0	0	
	应交税费	应交增值税（销项税额）														1	4	5	7	3	0	0	
附属单证 2 张		合　计		¥	1	2	6	6	7	3	0	0		¥	1	2	6	6	7	3	0	0	

会计主管：陈健平　　记账：杨东梅　　审核：谢晓霞　　制单：杨东梅

图 4-59　销售产品业务记账凭证

3）附原始凭证：增值税专用发票，如图4-60所示。

广东增值税专用发票

4601041141　　　　此联不作报销、扣税凭证使用　　　　№ 201307508

开票日期：2019年06月26日

购买方	名　　称：广东明光家居有限公司 纳税人识别号：440102443268027 地址、　电话：增城市光明路36号　020-68682587 开户行及账号：中国建设银行光明支行 11676243355				密码区	（略）	
货物或应税劳务、服务名称	规格型号	单位	数量	单价	金额	税率	税额
*家具*书桌		张	90	490.00	44 100.00	13%	5 733.00
*家具*餐桌		套	80	850.00	68 000.00	13%	8 840.00
合　计					¥112 100.00		¥14 573.00
价税合计（大写）	⊗壹拾贰万陆仟陆佰柒拾叁圆整				（小写）¥126 673.00		
销售方	名　　称：广东新光家居有限公司 纳税人识别号：440103256268024 地址、　电话：番禺区东环路120号　020-56327581 开户行及账号：中国建设银行东环支行 11682674052				备注		

收款人：谢晓霞　　复核：杨东梅　　开票人：王耀林　　销售方：（章）

第一联：记账联　销售方记账凭证

图4-60　增值税专用发票

2）企业销售商品，通常在平时只需根据销货发票、产品出库单等销货凭证进行库存商品明细分类核算。月份终了，根据产品出库单、退回产品入库单等销货凭证编制产品发出汇总表，汇总出本月已销商品数量；再利用产品发出计价方法，如月末一次加权平均法计算确定本月已销商品的实际成本。月终结转商品销售成本时，借记“主营业务成本”科目，贷记“库存商品”科目。

【例4-18】新光公司根据2019年6月产品出库单和退回产品入库单等销货凭证汇总编制本月产品销售成本汇总表，见表4-7。

表4-7　产品销售成本汇总表

2019年6月30日　　　　单位：元

产品名称	计量单位	销售量	单位成本	总成本
书桌	张	650	350.00	227 500.00
餐桌	套	460	560.00	257 600.00
合计				485 100.00

根据表4-7进行产品销售成本计算的总分类核算。新光公司账务处理如下。

1）编制会计分录。

借：主营业务成本——书桌　　227 500.00

　　　　　　　　——餐桌　　257 600.00

　贷：库存商品——书桌　　227 500.00

　　　　　　　——餐桌　　257 600.00

2）填制记账凭证，如图 4-61 所示。

记　账　凭　证

2019 年 6 月 30 日　　　　记字第 17 号

摘　要	总账科目	明细科目	借方金额										贷方金额										账页或√
			千	百	十	万	千	百	十	元	角	分	千	百	十	万	千	百	十	元	角	分	
产品销售成本计算	主营业务成本	书桌			2	2	7	5	0	0	0	0											
		餐桌			2	5	7	6	0	0	0	0											
	库存商品	书桌													2	2	7	5	0	0	0	0	
		餐桌													2	5	7	6	0	0	0	0	
附属单证　1　张		合　计		¥	4	8	5	1	0	0	0	0		¥	4	8	5	1	0	0	0	0	

会计主管：陈健平　　记账：杨东梅　　审核：谢晓霞　　制单：杨东梅

图 4-61　产品销售成本计算业务记账凭证

4.5.2　销售材料核算

1. 账户设置

企业材料销售业务，一般需设置“其他业务收入”“其他业务成本”等账户进行核算。

（1）“其他业务收入”账户

“其他业务收入”账户核算企业其他经营业务取得的各项收入。该账户属于损益类账户，贷方登记企业取得的各项其他经营业务的收入，借方登记期末结转到“本年利润”账户的其他业务收入，期末结转后该账户应无余额。

“其他业务收入”账户可按其他业务的种类设置明细分类账，进行明细分类核算。“其他业务收入”账户结构如图 4-62 所示。

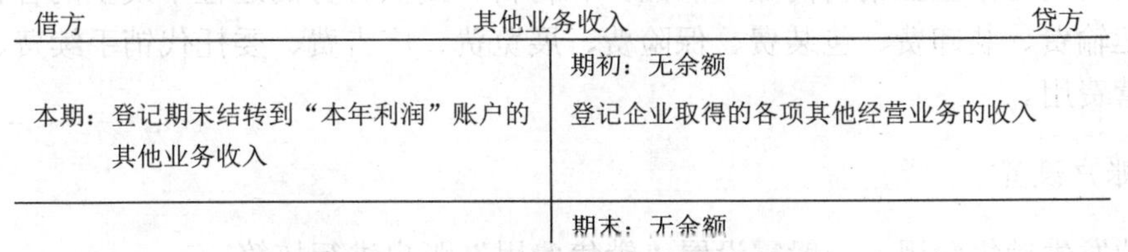

图 4-62　“其他业务收入”账户结构

（2）“其他业务成本”账户

“其他业务成本”账户核算企业其他经营业务所发生的实际成本，包括销售材料的成本、出租固定资产的折旧费、出租无形资产的摊销、出租包装物的成本或摊销、提供非工业性劳务的成本等。该账户属于损益类账户，借方登记企业其他经营业务发生的实际成本，贷方登记期末结转到“本年利润”账户的其他业务成本，期末结转后该账户应无余额。

“其他业务成本”账户可按其他业务的种类设置明细分类账，进行明细分类核算。“其他业务成本”账户结构如图 4-63 所示。

借方　　其他业务成本	贷方
期初：无余额	
本期：登记企业其他经营业务发生的实际成本	登记期末结转到“本年利润”账户的其他业务成本
期末：无余额	

图 4-63　“其他业务成本”账户结构

2. 会计核算

1）企业销售材料取得收入时，借记“银行存款”“应收账款”等科目，贷记“其他业务收入”“应交税费”等科目。

2）企业结转已销材料成本时，借记“其他业务成本”科目，贷记“原材料”科目。

【例 4-19】新光公司 2019 年 6 月 28 日销售一批不需用的木条给广东新华家居有限公司（以下简称新华公司），增值税专用发票注明价款为 15 120 元，增值税税额为 1 965.60 元，款项已存入银行。该批木条的成本为 12 348 元。新光公司账务处理如下。

1）销售材料收到货款时：

借：银行存款　　17 085.60

　　贷：其他业务收入——木条　　15 120.00

　　　　应交税费——应交增值税（销项税额）　　1 965.60

2）结转材料销售成本时：

借：其他业务成本——木条　　12 348.00

　　贷：原材料——木条　　12 348.00

4.5.3　发生销售费用核算

销售费用是指企业销售商品（产品）和材料、提供劳务的过程中发生的各种费用，包括产品运输费、装卸费、包装费、保险费、展览费、广告费、委托代销手续费、商品维修费等经营费用。

1. 账户设置

企业发生销售费用，一般需设置“销售费用”账户进行核算。

“销售费用”账户核算销售费用的发生和结转情况。该账户属于损益类账户，借方登记企业发生的各项销售费用，贷方登记期末结转到“本年利润”账户的销售费用，期末结转后该账户应无余额。

“销售费用”账户应按费用项目设置明细分类账，进行明细分类核算。“销售费用”账户结构如图 4-64 所示。

借方	销售费用 贷方
期初：无余额 本期：登记企业发生的各项销售费用	登记期末结转到“本年利润”账户的销售费用
期末：无余额	

图 4-64 “销售费用”账户结构

2. 会计核算

企业发生销售费用时，借记“销售费用”科目，贷记“银行存款”“应付职工薪酬”等科目。期末结转销售费用时，借记“本年利润”科目，贷记“销售费用”科目。

【例 4-20】 新光公司 2019 年 6 月 29 日开出支票支付产品广告费 20 000 元，增值税税率为 6%。新光公司账务处理如下。

1）编制会计分录。

借：销售费用——广告费　　20 000.00
　　应交税费——应交增值税（进项税额）　　1 200.00
　贷：银行存款　　21 200.00

2）填制记账凭证，如图 4-65 所示。

记 账 凭 证

2019 年 6 月 29 日　　记字第 18 号

摘　要	总账科目	明细科目	借方金额										贷方金额										账页或√
			千	百	十	万	千	百	十	元	角	分	千	百	十	万	千	百	十	元	角	分	
支付广告费	销售费用	广告费				2	0	0	0	0	0	0											
	应交税费	应交增值税（进项税额）					1	2	0	0	0	0											
	银行存款															2	1	2	0	0	0	0	
附属单证 2 张		合　计			¥	2	1	2	0	0	0	0			¥	2	1	2	0	0	0	0	

会计主管：陈健平　　记账：杨东梅　　审核：谢晓霞　　制单：杨东梅

图 4-65 支付广告费业务记账凭证

4.5.4 计算税金及附加核算

税金及附加是指企业销售商品和材料、提供劳务等经营活动中发生的除增值税外的消费税、资源税、城市维护建设税、教育费附加等税费。

1. 账户设置

企业应设置“税金及附加”账户，核算企业经营活动发生的消费税、城市维护建设税、资源税、教育费附加，以及房产税、土地使用税、车船使用税、印花税等相关税费。该账户属于损益类账户，借方登记企业按规定计算确定的与日常经营活动相关的税费，贷方登记期末结转到“本年利润”账户的税金及附加，期末结转后该账户应无余额。

“税金及附加”账户应按税费的种类设置明细分类账，进行明细分类核算。“税金及附加”账户结构如图 4-66 所示。

借方	税金及附加　　　　贷方
期初：无余额	
本期：登记企业按规定计算确定的与日常经营活动相关的税费	登记期末结转到“本年利润”账户的税金及附加
期末：无余额	

图 4-66　“税金及附加”账户结构

2. 会计核算

企业销售商品（产品）及其他经营业务应缴纳除增值税外的消费税、资源税、城市维护建设税、教育费附加等税费，企业应在确认收入月份的月末，汇总计算结转应交的税费，借记“税金及附加”科目，贷记“应交税费”等科目。

【例 4-21】 新光公司 2019 年 6 月 30 日根据本月应交增值税，计算并结转本月税金及附加，税费计算表见表 4-8。新光公司账务处理如下。

表 4-8　税费计算表

2019 年 6 月 30 日　　　　金额单位：元

税（费）种	计税基数	税（费）率	税（费）额	备注
城市维护建设税	39 980.00	7%	2 798.60	
教育费附加	39 980.00	3%	1 199.40	
合计			3 998.00	

1）编制会计分录。

借：税金及附加　　3 998.00

　贷：应交税费——应交城市维护建设税　　2 798.60

　　　　　　——应交教育费附加　　1 199.40

2）填制记账凭证，如图 4-67 所示。

记　账　凭　证

2019 年 6 月 30 日　　　　记字第 19 号

摘　要	总账科目	明细科目	借方金额 千	百	十	万	千	百	十	元	角	分	贷方金额 千	百	十	万	千	百	十	元	角	分	账页或√
计算税金及附加	税金及附加						3	9	9	8	0	0											
	应交税费	应交城市维护建设税															2	7	9	8	6	0	
		应交教育费附加															1	1	9	9	4	0	
附属单证　1　张		合　计				¥	3	9	9	8	0	0				¥	3	9	9	8	0	0	

会计主管：陈健平　　记账：杨东梅　　审核：谢晓霞　　制单：杨东梅

图 4-67　计算税金及附加业务记账凭证

城市维护建设税与教育费附加

城市维护建设税是指以增值税、消费税为计税依据征收的一种流转税，其纳税人为交纳增值税、消费税的单位和个人。城市维护建设税实行地区差别税率，市区为 7%，县城、镇为 5%，其他地区为 1%。按规定计算应交城市维护建设税时，借记“税金及附加”科目，贷记“应交税费——应交城市维护建设税”科目。

教育费附加是指以增值税、消费税为计税依据，由税务机关负责征收的一项纳税附加费。教育费附加征收率为 3%。按规定计算应交教育费附加时，借记“税金及附加”科目，贷记“应交税费——应交教育费附加”科目。

4.6 利润及其分配业务记账凭证的填制

4.6.1 利润核算

1. 利润的构成

利润是指企业在一定会计期间的经营成果。利润的计算过程及简化公式如下。

（1）营业利润

营业利润的计算公式为

营业利润＝营业收入－营业成本－税金及附加－销售费用－管理费用
－财务费用＋投资收益（－投资损失）

式中，营业收入是指企业经营业务所确认的收入总额，包括主营业务收入和其他业务收入；营业成本是指企业经营业务所发生的实际成本总额，包括主营业务成本和其他业务成本；投资收益（或损失）是指企业以各种方式对外投资所取得的收益（或发生的损失）。

（2）利润总额

利润总额的计算公式为

利润总额＝营业利润＋营业外收入－营业外支出

式中，营业外收入是指企业取得的与其日常经营活动无直接关系的各项利得；营业外支出是指企业发生的与其日常经营活动无直接关系的各项损失。

（3）净利润

净利润的计算公式为

净利润＝利润总额－所得税费用

式中，所得税费用是指企业确认的应从当期利润总额中扣除的所得税费用。

2. 账户设置

企业的利润业务，一般需设置“本年利润”“投资收益”“营业外收入”“营业外支出”

"所得税费用"等账户进行核算。

（1）"本年利润"账户

"本年利润"账户核算企业本年度实现的净利润（或发生的净亏损）。该账户属于所有者权益类账户，贷方登记期末转入的本期收入数额，借方登记期末转入的本期成本、费用和支出数额。期末余额如在贷方，表示企业实现的净利润；如在借方，表示企业发生的净亏损。"本年利润"账户结构如图 4-68 所示。

借方　　　本年利润	贷方
期初：结存的净亏损 本期：登记期末转入的本期成本、费用和支出数额	期初：结存的净利润 登记期末转入的本期收入数额
期末：企业发生的净亏损	期末：企业实现的净利润

图 4-68　"本年利润"账户结构

（2）"投资收益"账户

"投资收益"账户核算企业持有以公允价值计量且其变动计入当期损益的金融资产等金融资产期间内取得的投资收益，以及处置以公允价值计量且其变动计入当期损益的金融资产等实现的投资收益或发生的投资损失。该账户属于损益类账户，借方登记企业出售以公允价值计量且其变动计入当期损益的金融资产等发生的投资损失及期末转入"本年利润"账户的投资收益，贷方登记企业出售以公允价值计量且其变动计入当期损益的金融资产等实现的投资收益及期末转入"本年利润"账户的投资损失。

期末，应将"投资收益"账户的余额转入"本年利润"账户，结转后该账户应无余额。"投资收益"账户结构如图 4-69 所示。

借方　　　投资收益	贷方
本期：登记企业出售以公允价值计量且其变动计入当期损益的金融资产等发生的投资损失及期末转入"本年利润"账户的投资收益	期初：无余额 登记企业出售以公允价值计量且其变动计入当期损益的金融资产等实现的投资收益及期末转入"本年利润"账户的投资损失
	期末：无余额

图 4-69　"投资收益"账户结构

（3）"营业外收入"账户

"营业外收入"账户核算企业营业外收入的取得和结转情况。该账户属于损益类账户，贷方登记企业取得的各项营业外收入，借方登记期末结转到"本年利润"账户的营业外收入，期末结转后该账户应无余额。

"营业外收入"账户可按营业外收入的项目，如盘盈利得、捐赠利得、罚没利得、非流动资产毁损报废利得等设置明细分类账，进行明细分类核算。"营业外收入"账户结构如图 4-70 所示。

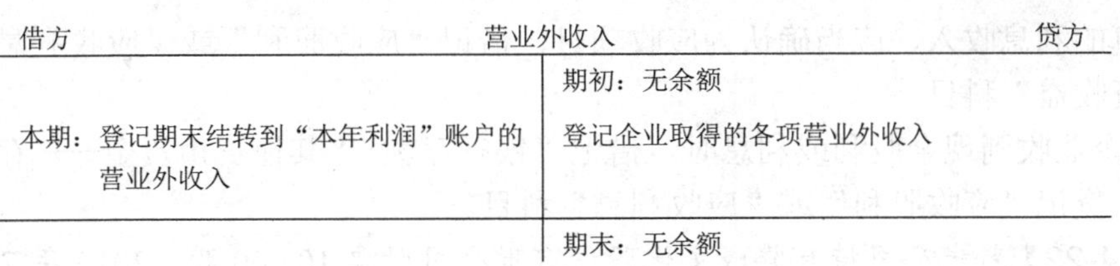

借方	营业外收入　　　　贷方
	期初：无余额
本期：登记期末结转到“本年利润”账户的营业外收入	登记企业取得的各项营业外收入
	期末：无余额

图 4-70　“营业外收入”账户结构

（4）“营业外支出”账户

“营业外支出”账户核算企业营业外支出的发生和结转情况。该账户属于损益类账户，借方登记企业发生的各项营业外支出，贷方登记期末结转到“本年利润”账户的营业外支出，期末结转后该账户应无余额。

“营业外支出”账户可按营业外支出的项目，如公益性捐赠支出、盘亏损失、罚没损失、不可抗力损失、非流动资产毁损报废损失等设置明细分类账，进行明细分类核算。“营业外支出”账户结构如图 4-71 所示。

借方	营业外支出　　　　贷方
期初：无余额 本期：登记企业发生的各项营业外支出	登记期末结转到“本年利润”账户的营业外支出
期末：无余额	

图 4-71　“营业外支出”账户结构

（5）“所得税费用”账户

“所得税费用”账户核算企业所得税费用的确认及其结转情况。该账户属于损益类账户，借方登记企业按照税法规定计算确认的当期应交所得税和发生的递延所得税费用，贷方登记企业发生的递延所得税收益和期末转入“本年利润”账户的所得税费用，期末结转后该账户应无余额。

“所得税费用”账户可按当期所得税费用和递延所得税费用设置明细分类账，进行明细分类核算。“所得税费用”账户结构如图 4-72 所示。

借方	所得税费用　　　　贷方
期初：无余额 本期：登记企业按照税法规定计算确认的当期应交所得税和发生的递延所得税费用	登记企业发生的递延所得税收益和期末转入“本年利润”账户的所得税费用
期末：无余额	

图 4-72　“所得税费用”账户结构

3. 会计核算

（1）投资收益业务核算

1）企业持有以公允价值计量且其变动计入当期损益的金融资产等金融资产期间，对于被投资单位宣告发放的现金股利或企业在资产负债表日按分期付息、一次还本债券的票面利率计算的利息收入，应当确认为应收项目，借记“应收股利”或“应收利息”科目，贷记“投资收益”科目。

2）企业收到现金股利或利息时，借记“银行存款”“其他货币资金——存出投资款”等科目，贷记“应收股利”或“应收利息”科目。

【例 4-22】新光公司持有骅威文化股份有限公司股票 10 000 股，2019 年 7 月 5 日骅威文化股份有限公司宣告每 10 股派发 3 元现金股利。新光公司账务处理如下。

应收股利＝10 000×（3/10）＝3 000（元）

1）编制会计分录。

借：应收股利　　3 000.00

　　贷：投资收益　　3 000.00

2）填制记账凭证，如图 4-73 所示。

记 账 凭 证

2019 年 7 月 5 日　　记字第 20 号

摘 要	总账科目	明细科目	借方金额										贷方金额										账页或√
			千	百	十	万	千	百	十	元	角	分	千	百	十	万	千	百	十	元	角	分	
计算应收股利	应收股利						3	0	0	0	0	0											
	投资收益																3	0	0	0	0	0	
附属单证 1 张		合 计				¥	3	0	0	0	0	0				¥	3	0	0	0	0	0	

会计主管：陈健平　　记账：杨东梅　　审核：谢晓霞　　制单：杨东梅

图 4-73　计算应收股利业务记账凭证

（2）营业外收支业务核算

1）营业外收入核算。

① 企业取得各项营业外收入时，借记“银行存款”“原材料”“无形资产”等科目，贷记“营业外收入”科目。

② 期末，将“营业外收入”账户余额结转到“本年利润”账户，借记“营业外收入”科目，贷记“本年利润”科目。

【例 4-23】新光公司 2019 年 7 月 6 日因广东友联家居有限公司违约，按合同约定，收取广东友联家居有限公司违约金 1 000 元，存入银行。新光公司账务处理如下。

借：银行存款　　1 000.00

　　贷：营业外收入——罚没利得　　1 000.00

2）营业外支出核算。

① 企业发生各项营业外支出时，借记“营业外支出”科目，贷记“银行存款”“原材

料”“无形资产”等科目。

② 期末，将“营业外支出”账户余额结转到“本年利润”账户，借记“本年利润”科目，贷记“营业外支出”科目。

【例 4-24】 新光公司 2019 年 7 月 8 日开出转账支票，向广东省慈善总会捐款 20 000 元。新光公司账务处理如下。

借：营业外支出——公益性捐赠支出　　20 000.00

　　贷：银行存款　　20 000.00

（3）损益类账户结转核算

会计期末，企业应结转所有损益类账户到“本年利润”账户。

1）将“主营业务收入”“其他业务收入”“营业外收入”等账户的余额转入“本年利润”账户的贷方，借记“主营业务收入”“其他业务收入”“营业外收入”等科目，贷记“本年利润”科目。

2）将“主营业务成本”“其他业务成本”“税金及附加”“销售费用”“管理费用”“财务费用”“营业外支出”等账户的余额转入“本年利润”账户的借方，借记“本年利润”科目，贷记“主营业务成本”“其他业务成本”“税金及附加”“销售费用”“管理费用”“财务费用”“营业外支出”等科目。

3）将“投资收益”等账户的净收益转入“本年利润”账户的贷方，借记“投资收益”等科目，贷记“本年利润”科目；将“投资收益”等账户的净损失转入“本年利润”账户的借方，借记“本年利润”科目，贷记“投资收益”等科目。

结转后“本年利润”账户如为贷方余额，表示当年实现的净利润，如为借方余额，表示当年发生的净亏损。

【例 4-25】 新光公司 2019 年 7 月有关损益类账户的发生额见表 4-9。

表 4-9　各损益类账户发生额表（结转到本年利润前）

2019 年 7 月　　单位：元

收入类账户	借方发生额	贷方发生额	费用类账户	借方发生额	贷方发生额
主营业务收入		701 400.00	主营业务成本	475 100.00	
其他业务收入		4 500.00	其他业务成本	6 250.00	
投资收益		3 000.00	税金及附加	3 998.00	
营业外收入	-	1 000.00	管理费用	33 341.00	
			财务费用	808.00	
			营业外支出	20 000.00	
合计		709 900.00	合计	539 497.00	

根据表 4-9 的资料，结转各损益类账户到“本年利润”账户。新光公司账务处理如下。

1）结转各收入类账户时：

借：主营业务收入　　701 400.00

　　其他业务收入　　4 500.00

　　投资收益　　3 000.00

营业外收入　　1 000.00

贷：本年利润　　709 900.00

2）结转各费用类账户时：

借：本年利润　　539 497.00

贷：主营业务成本　　475 100.00

其他业务成本　　6 250.00

税金及附加　　3 998.00

管理费用　　33 341.00

财务费用　　808.00

营业外支出　　20 000.00

（4）所得税费用业务核算

1）当期所得税计算。企业所得税是指对企业应纳税所得额（包括经营所得和其他所得）征收的一种税。核算企业所得税主要是确定当期应交所得税及利润表中的所得税费用，从而确定各期实现的净利润。

① 应纳税所得额。应纳税所得额是在企业税前会计利润（即利润总额）的基础上调整确定的，其计算公式为

应纳税所得额＝税前会计利润＋纳税调整增加额－纳税调整减少额

纳税调整增加额主要包括税法规定允许扣除项目中，企业已计入当期费用但超过税法规定扣除标准的金额（如超过税法规定标准的职工福利费、工会经费、职工教育经费、业务招待费、公益性捐赠支出、广告费和业务宣传费等），以及企业已计入当期损失但税法规定不允许扣除项目的金额（如税收滞纳金、罚金、罚款等）。

纳税调整减少额主要包括按税法规定允许弥补的亏损和准予免税的项目，例如前 5 年内未弥补的亏损和国债利息收入等。

② 当期所得税。当期所得税是指企业按照税法规定计算确定的针对当期发生的交易和事项，应缴纳给税务机关的所得税金额，即应交所得税。企业当期所得税的计算公式为

当期所得税＝当期应交所得税＝应纳税所得额×适用税率－减免税额－抵免税额

2）所得税费用核算。企业按应纳税所得额计算本期应交所得税时，借记“所得税费用”等科目，贷记“应交税费——应交所得税”等科目；期末结转本期所得税费用时，借记“本年利润”科目，贷记“所得税费用”科目；实际交纳本期应交所得税时，借记“应交税费——应交所得税”科目，贷记“银行存款”科目。

【例 4-26】新光公司 2019 年实现利润总额（税前会计利润）2 176 460 元，其中包括当年取得的国债利息收入 10 000 元，所得税税率为 25%，无其他纳税调整因素，计算新光公司 2019 年应交企业所得税。新光公司账务处理如下。

应纳税所得额＝2 176 460＋0－10 000＝2 166 460（元）

应交所得税＝2 166 460×25%＝541 615（元）

1）编制会计分录。

借：所得税费用　　541 615.00

贷：应交税费——应交所得税　　541 615.00

2）填制记账凭证，如图4-74所示。

记 账 凭 证

2019年12月31日　　　　　　　　　　　　　　　　记字第21号

摘　要	总账科目	明细科目	借方金额										贷方金额										账页或√
			千	百	十	万	千	百	十	元	角	分	千	百	十	万	千	百	十	元	角	分	
计算应交所得税	所得税费用				5	4	1	6	1	5	0	0											
	应交税费	应交所得税													5	4	1	6	1	5	0	0	
附属单证　1　张		合　计		¥	5	4	1	6	1	5	0	0		¥	5	4	1	6	1	5	0	0	

会计主管：陈健平　　　记账：杨东梅　　　审核：谢晓霞　　　制单：杨东梅

图4-74　计算应交所得税业务记账凭证

4.6.2　利润分配核算

1. 利润分配顺序

利润分配是指企业根据国家有关规定和企业章程、投资者协议等，对企业当年可供分配的利润所进行的分配。企业当年可供分配的利润包括企业当年实现的净利润（或净亏损）、年初未分配利润（或未弥补亏损）和其他转入（如用盈余公积补亏）等。企业利润分配的顺序如下。

1）弥补以前年度亏损。企业发生的亏损，可以用以后年度实现的利润进行弥补，但连续弥补期不得超过5年，超过5年的用税后利润弥补。

2）提取法定盈余公积。企业应按弥补以前年度亏损后的净利润的10%提取法定盈余公积，当法定盈余公积达到注册资本的50%及以上时，可以不再提取。

3）提取任意盈余公积。企业提取法定盈余公积后，还可依据需要和可能，提取一定比例的任意盈余公积。

4）向投资者分配利润。可供分配的利润减去弥补亏损、提取盈余公积后的余额，为可供投资者分配的利润。可供投资者分配的利润可向投资者分配红利，也可转增资本；可供分配的利润减去弥补亏损、提取盈余公积、向投资者分红后的余额为未分配利润。未分配利润可留待以后年度进行分配。

2. 账户设置

企业利润分配业务，一般需设置“利润分配”“盈余公积”“应付股利”等账户进行核算。

（1）“利润分配”账户

“利润分配”账户核算企业利润的分配（或亏损的弥补）和历年分配（或弥补）后的未

分配利润（或未弥补亏损）。该账户属于所有者权益类账户，贷方登记年末转入的全年实现的净利润和用盈余公积弥补的亏损，借方登记提取的法定盈余公积和任意盈余公积、分配的股利或利润，以及年末转入的全年发生的亏损。年末余额如在贷方，表示企业历年累计未分配的利润；如在借方，表示企业历年累计未弥补的亏损。

“利润分配”账户应按“提取法定盈余公积”“提取任意盈余公积”“应付现金股利或利润”“盈余公积补亏”“未分配利润”等项目设置明细分类账，进行明细分类核算。“利润分配”账户结构如图 4-75 所示。

借方　　　　　利润分配	贷方
期初：企业历年累计结存的未弥补亏损	期初：企业历年累计结存的未分配利润
本期：登记提取的法定盈余公积和任意盈余公积、分配的股利或利润，以及年末转入的全年发生的亏损	登记年末转入的全年实现的净利润和用盈余公积弥补的亏损
期末：企业历年累计未弥补的亏损	期末：企业历年累计未分配的利润

图 4-75　“利润分配”账户结构

（2）“盈余公积”账户

“盈余公积”账户核算企业盈余公积的提取、使用及其结余情况。该账户属于所有者权益类账户，贷方登记企业按规定提取的各项盈余公积，借方登记企业使用盈余公积弥补亏损、转增资本及分配利润的数额，期末余额一般在贷方，表示企业盈余公积的结存数额。

“盈余公积”账户可按“法定盈余公积”和“任意盈余公积”设置明细分类账，进行明细分类核算。“盈余公积”账户结构如图 4-76 所示。

借方　　　　　盈余公积	贷方
	期初：企业结存的盈余公积
本期：登记企业使用盈余公积弥补亏损、转增资本及分配利润的数额	登记企业按规定提取的各项盈余公积
	期末：企业盈余公积的结存数额

图 4-76　“盈余公积”账户结构

（3）“应付股利”账户

“应付股利”账户核算企业确定或宣告支付但尚未实际支付的现金股利或利润。该账户属于负债类账户，贷方登记企业应支付的现金股利或利润，借方登记企业实际支付的现金股利或利润，期末余额一般在贷方，表示企业应付而未付的现金股利或利润。

“应付股利”账户应按投资者设置明细分类账，进行明细分类核算。“应付股利”账户结构如图 4-77 所示。

借方　　　　　应付股利	贷方
	期初：企业应付而未付的现金股利或利润
本期：登记企业实际支付的现金股利或利润	登记企业应支付的现金股利或利润
	期末：企业应付而未付的现金股利或利润

图 4-77　“应付股利”账户结构

3. 会计核算

（1）本年利润结转核算

年度终了，企业应将“本年利润”账户的本年累计余额结转到“利润分配——未分配利润”账户，如“本年利润”为贷方余额，则借记“本年利润”科目，贷记“利润分配——未分配利润”科目；如“本年利润”为借方余额，则做相反的会计分录。结转后，“本年利润”账户应无余额。

【例 4-27】 新光公司 2019 年实现净利润（税后利润）1 624 845 元，年末结转到“利润分配——未分配利润”账户。新光公司账务处理如下。

1）编制会计分录。

借：本年利润　　　　　　　　　　　　　　　　1 624 845.00

　　贷：利润分配——未分配利润　　　　　　　　　　1 624 845.00

2）填制记账凭证，如图 4-78 所示。

记　账　凭　证

2019 年 12 月 31 日　　　　记字第 22 号

摘　要	总账科目	明细科目	借方金额										贷方金额										账页或√
			千	百	十	万	千	百	十	元	角	分	千	百	十	万	千	百	十	元	角	分	
结转本年利润	本年利润			1	6	2	4	8	4	5	0	0											
	利润分配	未分配利润												1	6	2	4	8	4	5	0	0	
附属单证	1　张	合　计	¥	1	6	2	4	8	4	5	0	0	¥	1	6	2	4	8	4	5	0	0	

会计主管：陈健平　　　记账：杨东梅　　　审核：谢晓霞　　　制单：杨东梅

图 4-78　结转本年利润业务记账凭证

（2）提取盈余公积核算

企业当年实现的净利润，在弥补以前年度亏损后，按规定应提取盈余公积，借记“利润分配”科目，贷记“盈余公积”科目。

【例 4-28】 新光公司 2019 年实现净利润（税后利润）1 624 845 元，按规定计提法定盈余公积，计提比例为 10%。新光公司账务处理如下。

法定盈余公积＝1 624 845×10%＝162 484.5（元）

1）编制会计分录。

借：利润分配——提取法定盈余公积　　　　　　162 484.50

　　贷：盈余公积——法定盈余公积　　　　　　　　　162 484.50

2）填制记账凭证，如图 4-79 所示。

记 账 凭 证

2019 年 12 月 31 日　　　　记字第 23 号

摘要	总账科目	明细科目	借方金额										贷方金额										账页或√
			千	百	十	万	千	百	十	元	角	分	千	百	十	万	千	百	十	元	角	分	
计提法定盈余公积	利润分配	提取法定盈余公积			1	6	2	4	8	4	5	0											
	盈余公积	法定盈余公积													1	6	2	4	8	4	5	0	
附属单证 1 张		合计		¥	1	6	2	4	8	4	5	0		¥	1	6	2	4	8	4	5	0	

会计主管：陈健平　　　记账：杨东梅　　　审核：谢晓霞　　　制单：杨东梅

图 4-79　计算法定盈余公积业务记账凭证

（3）分配股利或利润核算

企业可供分配的利润，在弥补亏损、提取盈余公积后的余额，经股东大会或类似权力机构决议批准，可以向投资者进行分配。决定向投资者分配现金股利或利润时，借记“利润分配——应付现金股利或利润”科目，贷记“应付股利”科目。向投资者支付现金股利或利润时，借记“应付股利”科目，贷记“银行存款”科目。

【例 4-29】新光公司 2019 年 12 月 31 日经股东大会决议批准，决定按各投资者原出资比例，分配利润 800 000 元。新光公司账务处理如下。

1）编制会计分录。

借：利润分配——应付利润　　　800 000.00

　　贷：应付股利　　　800 000.00

2）填制记账凭证，如图 4-80 所示。

记 账 凭 证

2019 年 12 月 31 日　　　　记字第 24 号

摘要	总账科目	明细科目	借方金额										贷方金额										账页或√
			千	百	十	万	千	百	十	元	角	分	千	百	十	万	千	百	十	元	角	分	
决定分配利润	利润分配	应付利润			8	0	0	0	0	0	0	0											
	应付股利														8	0	0	0	0	0	0	0	
附属单证 1 张		合计		¥	8	0	0	0	0	0	0	0		¥	8	0	0	0	0	0	0	0	

会计主管：陈健平　　　记账：杨东梅　　　审核：谢晓霞　　　制单：杨东梅

图 4-80　决定分配利润业务记账凭证

（4）利润分配各明细账户结转核算

年度终了，企业应将除“未分配利润”外的“利润分配”账户所属其他明细账户余额，转入“未分配利润”明细账户。结转后，除“未分配利润”外的其他明细账户应无余额。年终结转后，“利润分配——未分配利润”账户的贷方余额，表示企业历年累计结存的未分配利润；如为借方余额，表示企业历年累计结存的未弥补亏损。

【例 4-30】承例 4-28 和例 4-29，新光公司 2019 年 12 月 31 日结转利润分配数额到“利润分配——未分配利润”账户。新光公司账务处理如下。

1）编制会计分录。

借：利润分配——未分配利润　　962 484.50

　贷：利润分配——提取法定盈余公积　　162 484.50

　　　　　　——应付利润　　800 000.00

2）填制记账凭证，如图 4-81 所示。

记　账　凭　证

2019 年 12 月 31 日　　　　记字第 25 号

摘　要	总账科目	明细科目	借方金额										贷方金额										账页或√
			千	百	十	万	千	百	十	元	角	分	千	百	十	万	千	百	十	元	角	分	
结转利润分配各明细账户	利润分配	未分配利润			9	6	2	4	8	4	5	0											
	利润分配	提取法定盈余公积													1	6	2	4	8	4	5	0	
		应付利润													8	0	0	0	0	0	0	0	
附属单证　1　张		合　计		¥	9	6	2	4	8	4	5	0		¥	9	6	2	4	8	4	5	0	

会计主管：陈健平　　记账：杨东梅　　审核：谢晓霞　　制单：杨东梅

图 4-81　结转利润分配各明细账户业务记账凭证

4.7　审核记账凭证和编制科目汇总表

4.7.1　审核记账凭证

记账凭证是登记会计账簿的直接依据，为了保证会计账簿记录的正确性，以及会计信息的质量，登记会计账簿前必须由专人对已填制的记账凭证进行严格的审核。

1）审核记账凭证的内容是否真实。审核记账凭证是否以原始凭证为依据，所附原始凭证的内容、金额与记账凭证的内容、金额是否一致。

2）审核记账凭证的项目是否齐全。审核记账凭证各项目的填写是否齐全、完整，有关经办人员是否按照规定的手续和程序在记账凭证上签章。

3）审核记账凭证的记录是否正确。审核记账凭证中使用的会计科目是否正确，会计科目之间的对应关系是否清楚，借方金额与贷方金额的计算是否正确，两者合计数是否相等。

4）审核记账凭证的书写是否规范。审核记账凭证的记录文字是否工整，数字是否清晰，书写是否规范，是否按规定的方法进行错误更正。在审核记账凭证的过程中，发现未入账的记账凭证有错误，应重新填制；已入账的记账凭证有错误，应按照规定的更正错误的方法予以更正。

4.7.2 编制科目汇总表

1. 认知科目汇总表

科目汇总表是根据一定时期内所有记账凭证，按总账科目加以汇总而形成的记账凭证。科目汇总表应定期编制，一般是每 5 天、10 天或 15 天，或每月编制一次。在采用科目汇总表核算组织程序下，科目汇总表是登记总分类账的依据。采用科目汇总表登记总分类账时，应以“科汇字第×××号”字样按月连续编号。

2. 科目汇总表的编制方法

编制科目汇总表，是将一定时期内所有记账凭证，按总账科目分类，逐一汇总出每一总账科目的本期借方发生额的合计数和本期贷方发生额的合计数，并将其填写在科目汇总表相应栏内，然后根据“有借必有贷，借贷必相等”的记账规则，检查所有总账科目的借方发生额合计数是否等于贷方发生额合计数。

【例 4-31】承例 4-26～例 4-30，编制新光公司 2019 年 12 月的科目汇总表。新光公司科目汇总表编制如下。

1）编制会计分录。

① 例 4-26 的会计分录。

借：所得税费用　　541 615.00

　　贷：应交税费——应交所得税　　541 615.00

② 例 4-27 的会计分录。

借：本年利润　　1 624 845.00

　　贷：利润分配——未分配利润　　1 624 845.00

③ 例 4-28 的会计分录。

借：利润分配——提取法定盈余公积　　162 484.50

　　贷：盈余公积——法定盈余公积　　162 484.50

④ 例 4-29 的会计分录。

借：利润分配——应付利润　　800 000.00

　　贷：应付股利　　800 000.00

⑤ 例 4-30 的会计分录。

借：利润分配——未分配利润　　962 484.50

　　贷：利润分配——提取法定盈余公积　　162 484.50

　　　　　　　　——应付利润　　800 000.00

2）编制各总账科目的 T 形账户，如图 4-82～图 4-87 所示。

借方	所得税费用 贷方
①541 615.00	
541 615.00	

图 4-82　“所得税费用”T 形账户

借方	应交税费 贷方
	①541 615.00
	541 615.00

图 4-83　“应交税费”T 形账户

借方	本年利润 贷方
②1 624 845.00	
1 624 845.00	

图 4-84　“本年利润”T 形账户

借方	利润分配 贷方
③162 484.50	②1 624 845.00
④800 000.00	⑤162 484.50
⑤962 484.50	⑤800 000.00
1 924 969.00	2 587 329.50

图 4-85　“利润分配”T 形账户

借方	盈余公积 贷方
	③162 484.50
	162 484.50

图 4-86　“盈余公积”T 形账户

借方	应付股利 贷方
	④800 000.00
	800 000.00

图 4-87　“应付股利”T 形账户

3）编制科目汇总表，如图 4-88 所示。

科 目 汇 总 表

凭证第 21 号至第 25 号共 5 张

凭证第　号至第　号共　张

编号：科汇 1　　　2019 年 12 月 1 日至 31 日　　　凭证第　号至第　号共　张

会计科目	本期发生额																						账页或√
	借方金额											贷方金额											
	亿	千	百	十	万	千	百	十	元	角	分	亿	千	百	十	万	千	百	十	元	角	分	
所得税费用				5	4	1	6	1	5	0	0												
应交税费															5	4	1	6	1	5	0	0	
本年利润			1	6	2	4	8	4	5	0	0												
利润分配			1	9	2	4	9	6	9	0	0			2	5	8	7	3	2	9	5	0	
盈余公积															1	6	2	4	8	4	5	0	
应付股利															8	0	0	0	0	0	0	0	
合计		¥	4	0	9	1	4	2	9	0	0		¥	4	0	9	1	4	2	9	0	0	

会计主管：陈健平　　记账：杨东梅　　审核：谢晓霞　　制单：杨东梅

图 4-88　科目汇总表

本 章 小 结

记账凭证是根据原始凭证进行归类整理编制的会计分录凭证。记账凭证是会计核算的起点，是登记会计账簿的依据。

记账凭证按其用途的不同，可分为专用记账凭证和通用记账凭证两类。记账凭证按其包括内容的不同，可分为单一记账凭证、汇总记账凭证和科目汇总表 3 类。

记账凭证一般包括以下基本内容：①记账凭证名称；②凭证日期和编号；③经济业务内容摘要；④经济业务应借应贷会计科目名称和金额；⑤所附原始凭证张数；⑥填制、审核、记账等人员签章等。

企业要开展生产经营活动，首先必须筹集一定量的资金，企业资金的来源主要表现为接受投资者的投入和从债权人处借入资金。企业接受投资者投入资金，一般需设置“库存现金”“银行存款”“原材料”“固定资产”“无形资产”“实收资本”“资本公积”等账户进行核算。企业从债权人处借入资金，一般需设置“短期借款”“长期借款”“财务费用”“应付利息”等账户进行核算。

采购业务主要是指企业购建固定资产，采购材料物资、办公用品等经济业务。企业购建固定资产，一般需设置“固定资产”“在建工程”“应交税费”等账户进行核算。企业购买原材料，一般需设置“原材料”“在途物资”“应付账款”“应付票据”等账户进行核算。企业购买办公用品，一般需设置“管理费用”等账户进行核算。业务员出差进行材料采购，通常需要预借差旅费；采购完成，则回单位报销差旅费。企业差旅费业务，一般需设置“其他应收款”等账户进行核算。

生产业务是指企业投入材料、支付人工费用及发生各种生产消耗，进行产品生产，并将完工产品验收入库的经济业务。生产业务主要包括生产费用的归集与分配、完工产品成本的计算与结转两大方面。企业生产费用的归集与分配业务，一般需设置“生产成本”“制造费用”“应付职工薪酬”“累计折旧”“累计摊销”等账户进行核算。企业完工产品成本计算与结转业务，一般需设置“库存商品”等账户进行核算。

销售业务主要是指企业将生产出来的产品销售出去，实现产品价值的经济业务。企业除了销售产品，还可能发生销售材料等经济业务。企业产品销售业务，一般需设置“主营业务收入”“主营业务成本”等账户进行核算。企业材料销售业务，一般需设置“其他业务收入”“其他业务成本”等账户进行核算。企业发生销售费用，一般需设置“销售费用”账户进行核算。企业应设置“税金及附加”账户，核算企业经营活动发生的消费税、城市维护建设税、资源税、教育费附加，以及房产税、土地使用税、车船使用税、印花税等相关税费。

利润是指企业在一定会计期间的经营成果。企业的利润业务，一般需设置“本年利润”“投资收益”“营业外收入”“营业外支出”“所得税费用”等账户进行核算。

利润分配是指企业根据国家有关规定和企业章程、投资者协议等，对企业当年可供分配的利润所进行的分配。企业当年可供分配的利润包括企业当年实现的净利润（或净亏损）、年初未分配利润（或未弥补亏损）和其他转入（如用盈余公积补亏）等。企业利润分配业务，一般需设置“利润分配”“盈余公积”“应付股利”等账户进行核算。

记账凭证是登记会计账簿的直接依据，为了保证会计账簿记录的正确性，以及会计信息的质量，登记会计账簿前必须由专人对已填制的记账凭证进行严格的审核。

科目汇总表是根据一定时期内所有记账凭证，按总账科目加以汇总而形成的记账凭证。科目汇总表应定期编制，一般是每5天、10天或15天，或每月编制一次。在采用科目汇总表核算组织程序下，科目汇总表是登记总分类账的依据。

第5章　认知和登记会计账簿

学习目标

1. 能够叙述会计账簿的概念和种类。
2. 能够掌握日记账的登记方法。
3. 能够掌握分类账的登记方法。
4. 能够叙述财产清查的概念和种类。
5. 能够掌握财产清查的方法。
6. 能够掌握对账的方法。
7. 能够掌握错账更正的方法。
8. 能够掌握结账的方法。

学习要点

1. 日记账的登记。
2. 分类账的登记。
3. 财产清查的方法。
4. 对账的方法。
5. 错账更正的方法。
6. 结账的方法。

5.1　认知会计账簿

5.1.1　会计账簿的概念及设置意义

1. 会计账簿的概念

会计账簿是指以经审核无误的会计凭证为依据，由具有专门格式和相互联系的账页组成，用来分门别类、连续地登记企业各项经济业务的簿籍。

2. 设置会计账簿的意义

1）会计账簿是对会计凭证资料的系统总结。会计凭证可以反映和监督企业每项经济业务的完成情况，但它只能反映某一项或几项经济业务，所提供的会计信息是零星、分散、不连续的。而会计账簿综合所有会计凭证信息，可以完整地反映企业某一时期的全部经济业务，为企业经营管理提供系统、连续、全面的会计信息。

2）会计账簿是考核企业经营情况的重要依据。会计账簿可以完整地反映企业的经营成果和财务状况，从而为考核企业的计划完成情况和经济效益（经营情况）提供依据。

3）会计账簿是企业财务报表资料的主要来源。企业应定期编制资产负债表、利润表、现金流量表等财务报表。会计账簿是企业编制财务报表的重要依据，是企业财务报表各项数据的主要来源。

5.1.2 会计账簿的种类

1. 按会计账簿用途分类

会计账簿按其用途，可以分为日记账、分类账和备查账 3 种。

1）日记账又称序时账，是指按照经济业务发生或完成时间的先后顺序逐日逐笔进行登记的账簿如现金日记账、银行存款日记账，如图 5-1 和图 5-2 所示。

现金日记账

年		凭证		对方科目	摘要	借方											贷方											余额											核对
月	日	种类	号数			亿	千	百	十	万	千	百	十	元	角	分	亿	千	百	十	万	千	百	十	元	角	分	亿	千	百	十	万	千	百	十	元	角	分	

图 5-1 现金日记账

银行存款日记账

年		凭证号数		摘要	支票		对方科目	存入（收款）											支取（付款）											结余											核对
月	日	收款	付款		种类	号数		亿	千	百	十	万	千	百	十	元	角	分	亿	千	百	十	万	千	百	十	元	角	分	亿	千	百	十	万	千	百	十	元	角	分	

图 5-2 银行存款日记账

2）分类账是指对全部经济业务按照总分类账户和明细分类账户进行分类登记的账簿。分类账分为总分类账和明细分类账，如图 5-3 和图 5-4 所示。总分类账，简称总账，是指按总分类账户开设的账簿；明细分类账，简称明细账，是指按明细分类账户开设的账簿。

总分类账

会计科目：　　　　　　　　　　　　　　　　　　　　　　　　　　　　　　第　页

年		凭证		摘要	借方金额											√	贷方金额											√	借或贷	余额											√
月	日	字	号		亿	千	百	十	万	千	百	十	元	角	分		亿	千	百	十	万	千	百	十	元	角	分			亿	千	百	十	万	千	百	十	元	角	分	

图 5-3　总分类账

＿＿＿＿＿明细分类账（甲式）

子目＿＿＿＿　细目＿＿＿＿　　　　　　　　　　　　　　　　　　　　　　第　页

年		凭证		摘要	借（增）方											贷（减）方											借或贷	结（余）存											核对
月	日	字	号		亿	千	百	十	万	千	百	十	元	角	分	亿	千	百	十	万	千	百	十	元	角	分		亿	千	百	十	万	千	百	十	元	角	分	

图 5-4　明细分类账

3）备查账也称辅助账簿、补充登记账簿，是指对某些日记账、分类账中不予登记或登记不够详细的经济事项进行补充登记的账簿，如租入固定资产登记簿，如图 5-5 所示。

租入固定资产登记簿

序号	固定资产名称	规格	租约合同号数	租出单位	租入日期	租金	使用部门	归还日期	备注

图 5-5　租入固定资产登记簿

2. 按会计账簿形式分类

会计账簿按其形式，可以分为订本式账簿、活页式账簿和卡片式账簿 3 种。

1）订本式账簿简称订本账，是指把一定数量、具有专门格式的账页按编号顺序，固定地装订成册的账簿。订本式账簿可以避免账页的散失或被抽换，但不能根据需要增减账页。现金日记账、银行存款日记账和总分类账通常采用订本式账簿。

2）活页式账簿简称活页账，是指把具有专门格式的零散账页放置在活页账夹内，可以随时增添账页的账簿。活页式账簿可以根据需要添页或排列，但账页容易散乱丢失。明细分类账一般采用活页式账簿。

3）卡片式账簿简称卡片账，是指由若干零散的、具有专门格式的硬式卡片组成的账簿。卡片式账簿实际上是一种活页式账簿，一般在实物保管部门使用，它可以跨年度使用，如固定资产卡片（图 5-6）等。

固定资产卡片

卡片编号：

<table>
<tr><td colspan="2">使用部门</td><td colspan="2"></td><td colspan="2">固定资产类别</td><td colspan="3"></td></tr>
<tr><td colspan="2">固定资产来源</td><td colspan="2"></td><td colspan="2">固定资产编号</td><td colspan="3"></td></tr>
<tr><td colspan="2">制造厂名称</td><td colspan="2"></td><td colspan="2">固定资产名称</td><td colspan="3"></td></tr>
<tr><td colspan="2">出厂日期</td><td colspan="2"></td><td colspan="2">型号规格</td><td colspan="3"></td></tr>
<tr><td colspan="2">购建日期</td><td colspan="2"></td><td colspan="2">计量单位</td><td colspan="3"></td></tr>
<tr><td colspan="2">安装地点</td><td colspan="2"></td><td colspan="2">原值或重置价格</td><td colspan="3"></td></tr>
<tr><td colspan="4">附属设备</td><td colspan="2">其中：安装费</td><td colspan="3"></td></tr>
<tr><td rowspan="2">名称规格</td><td rowspan="2">数量</td><td rowspan="2">单位</td><td rowspan="2">金额</td><td colspan="5">原值变动记录</td></tr>
<tr><td>日期</td><td>凭证</td><td>摘要</td><td>增减金额</td><td>变动后金额</td></tr>
<tr><td></td><td></td><td></td><td></td><td></td><td></td><td></td><td></td><td></td></tr>
<tr><td></td><td></td><td></td><td></td><td></td><td></td><td></td><td></td><td></td></tr>
<tr><td></td><td></td><td></td><td></td><td></td><td></td><td></td><td></td><td></td></tr>
<tr><td></td><td></td><td></td><td></td><td></td><td></td><td></td><td></td><td></td></tr>
</table>

图 5-6　固定资产卡片

3. 按账页格式分类

会计账簿按其账页格式，可以分为三栏式账簿、数量金额式账簿、多栏式账簿和横线登记式账簿 4 种。

1）三栏式账簿是指设有借方、贷方和余额 3 个基本栏目的账簿，如现金日记账、银行存款日记账、总分类账及甲式明细分类账（即三栏式明细分类账，如图 5-4 所示）。三栏式账簿适用于只需进行金额核算的账户，如“应收账款”“应付账款”“短期借款”等账户。

2）数量金额式账簿是指在借方、贷方和余额等基本栏目内分设数量、单价和金额 3 个分栏的账簿，如乙式明细分类账（即数量金额式明细分类账，如图 5-7 所示）。数量金额式账簿适用于既需要进行金额核算，又需要进行数量核算的账户，如“原材料”“库存商品”等账户。

______明细分类账（乙式）

品名________　　单位________　　规格________　　存储地点________　　第　页

年		凭证		摘要	收（借）入											发（贷）出											结（余）存											核对
月	日	种类	号数		数量	单价	金额									数量	单价	金额									数量	单价	金额									
							百	十	万	千	百	十	元	角	分			百	十	万	千	百	十	元	角	分			百	十	万	千	百	十	元	角	分	

图 5-7　乙式明细分类账

3）多栏式账簿是指在基本栏目借方或贷方内按需要分设若干专栏的账簿，如图 5-8 所示。多栏式账簿一般适用于需要进行分项目具体反映的账户，如“生产成本”“制造费用”“管理费用”等账户。

______多栏式明细分类账

明细科目：　　第　页

年		凭证		摘要	合计																																												核对
月	日	字	号																																														
					亿	千	百	十	万	千	百	十	元	角	分	亿	千	百	十	万	千	百	十	元	角	分	亿	千	百	十	万	千	百	十	元	角	分	亿	千	百	十	万	千	百	十	元	角	分	

图 5-8　多栏式明细分类账

4）横线登记式账簿是指在账页上分为“借”“贷”两方，两方各设有日期、凭证字号、摘要和金额栏的账簿，如图 5-9 所示。横线登记式账簿在同一行内登记前后相关的业务，一般适用于需逐笔结算的经济业务，如“在途物资”“其他应收款——备用金”等账户。

横线登记式账簿

年		凭证		摘要	户名	借方（借支）							贷（报销、收回）方																		备注
月	日	字	号										年		凭证		报销金额							收回金额							
						万	千	百	十	元	角	分	月	日	字	号	万	千	百	十	元	角	分	万	千	百	十	元	角	分	

图 5-9　横线登记式账簿

5.2 登记会计账簿

5.2.1　会计账簿的启用

新的会计年度开始，企业应启用新的会计账簿。启用新的会计账簿，应填写账簿启用表。账簿启用表应填写用户名称、账簿名称、账簿号码、启用日期、经管人员信息、单位盖章及粘贴印花税票等，如图 5-10 所示。

账　簿　启　用　表					
用户名称		负责人	职别		盖章
账簿名称	账簿　　册		姓名		
账簿号码	第　　号	主办会计人员	职别		
账簿页数	本账簿共计　　页		姓名		
启用日期	年　　月　　日		盖章		

经 管 本 账 簿 人 员 一 览 表

经管人员		盖章	接管			移交			印花税票粘贴处
职别	姓名		年	月	日	年	月	日	

图 5-10　账簿启用表

知识拓展 5-1

印花税的缴纳

印花税是对经济活动和经济交往中书立、使用、领受凭证单位和个人征收的一种税。征税对象为税法列举的种类，如经济合同、产权转移书据、营业账簿和权利许可证明等。企业在启用账簿时应缴纳印花税，将已购买的印花税票粘贴在应纳税凭证上，并在每枚税票的骑缝处盖戳注销或划销，办理定税手续。

对于订本式账簿，在启用时还应当填写账簿目录表（图 5-11），从第一页到最后一页按顺序编写页码，不得跳页和缺页。对于活页式账簿，装订时也应添加账簿目录表，按实际使用的账页顺序编写页码。

账 簿 目 录 表								
科目	账号	页码	科目	账号	页码	科目	账号	页码

图 5-11　账簿目录表

5.2.2　会计账簿的登记

1. 会计账簿的登记要求

1）会计账簿必须以审核无误的会计凭证为依据，将凭证日期、编号、摘要、金额和其他有关资料逐项登记入账，不得错记、漏记和重记。

2）每一笔经济业务记账完毕，要在记账凭证上签名或盖章，并打“√”表示已经记账，防止重记和漏记。

3）登记会计账簿必须使用蓝黑色墨水笔或者碳素墨水笔书写，不得使用圆珠笔或者铅笔书写。红墨水笔只能在结账划线、改错或冲销错误记账时使用。

4）会计账簿中的文字和数字，紧靠本行底线书写，不占满格，只占格距的 1/2，为更正错误留有余地。

5）各种会计账簿应按页次顺序连续登记，不得跳行、隔页。如果发生跳行、隔页，应当将空行、空页划线注销，或者注明“此行空白”“此页空白”字样，并由记账人员签名或盖章。

6）凡需结出余额的账户，结出余额后，应在“借或贷”栏内注明“借”或“贷”字样；没有余额的，应注明“平”字，并在“余额”栏的元位用“Q”表示。

7）每一账页登记完毕结转下页时，应在本账页最后一行“摘要”栏内注明“过次页”字样，结出本页借、贷发生额合计和余额，并过入下一账页的第一行，且在其“摘要”栏内注明“承前页”。

8）会计账簿登记发生错误时，不得涂改、挖补、刮擦或用褪色药水消除字迹，应根据错账的具体情况，采用规定的方法进行更正。

2. 会计账簿的登记方法

（1）日记账的登记

1）现金日记账的登记。现金日记账是用来核算和反映现金每天的收入、支出和结存情况的账簿。现金日记账一般采用三栏式，由出纳员根据与现金收付有关的记账凭证，按时间先后顺序逐日逐笔进行登记。每日终了，应当计算当日的现金收入（借方）合计数、现金支出（贷方）合计数和结余数（账面余额），并将结余数与实际库存现金数核对，做到账款相符。

【例5-1】新光公司2019年5月1日库存现金账户余额为24 000元。5月发生库存现金相关业务如下，试登记该公司5月库存现金日记账。

1）5月6日，采购员李天明外出采购，预借差旅费2 000元，以现金支付。

2）5月15日，签发现金支票，从银行提取现金3 000元备用。

3）5月20日，以现金支付司机陈晓林报销汽油费1 000元。

新光公司账务处理如下。

1）编制会计分录与记账凭证，如图5-12～图5-14所示。

① 借：其他应收款——李天明　　2 000.00

　　贷：库存现金　　2 000.00

记 账 凭 证

2019年5月6日　　记字第1号

摘 要	总账科目	明细科目	借方金额										贷方金额										账页或√
			千	百	十	万	千	百	十	元	角	分	千	百	十	万	千	百	十	元	角	分	
预借差旅费	其他应收款	李天明					2	0	0	0	0	0											
	库存现金																2	0	0	0	0	0	√
附属单证 1 张		合 计				¥	2	0	0	0	0	0				¥	2	0	0	0	0	0	

会计主管：陈健平　　记账：杨东梅　　审核：谢晓霞　　制单：杨东梅

图5-12 预借差旅费业务记账凭证

② 借：库存现金 3 000.00

贷：银行存款 3 000.00

记 账 凭 证

2019 年 5 月 15 日　　　　记字第 2 号

摘　要	总账科目	明细科目	借方金额										贷方金额										账页或√
			千	百	十	万	千	百	十	元	角	分	千	百	十	万	千	百	十	元	角	分	
提取现金备用	库存现金						3	0	0	0	0	0											√
	银行存款																3	0	0	0	0	0	
附属单证	1　张	合　计				¥	3	0	0	0	0	0				¥	3	0	0	0	0	0	

会计主管：陈健平　　　记账：杨东梅　　　审核：谢晓霞　　　制单：杨东梅

图 5-13　提取现金业务记账凭证

③ 借：管理费用 1 000.00

贷：库存现金 1 000.00

记 账 凭 证

2019 年 5 月 20 日　　　　记字第 3 号

摘　要	总账科目	明细科目	借方金额										贷方金额										账页或√
			千	百	十	万	千	百	十	元	角	分	千	百	十	万	千	百	十	元	角	分	
报销汽油费	管理费用						1	0	0	0	0	0											
	库存现金																1	0	0	0	0	0	√
附属单证	2　张	合　计				¥	1	0	0	0	0	0				¥	1	0	0	0	0	0	

会计主管：陈健平　　　记账：杨东梅　　　审核：谢晓霞　　　制单：杨东梅

图 5-14　报销汽油费业务记账凭证

2）登记现金日记账，如图 5-15 所示。

现金日记账

2019年		凭证		对方科目	摘要	借方											贷方											余额											核对
月	日	种类	号数			亿	千	百	十	万	千	百	十	元	角	分	亿	千	百	十	万	千	百	十	元	角	分	亿	千	百	十	万	千	百	十	元	角	分	
5	1				上月结转																											2	4	0	0	0	0	0	
5	6	记	1	其他应收款	预借差旅费																	2	0	0	0	0	0					2	2	0	0	0	0	0	
5	15	记	2	银行存款	提取现金备用						3	0	0	0	0	0																2	5	0	0	0	0	0	
5	20	记	3	管理费用	报销汽油费																	1	0	0	0	0	0					2	4	0	0	0	0	0	

图 5-15　现金日记账

2）银行存款日记账的登记。银行存款日记账是用来核算和反映银行存款每天的收入、支出和结存情况的账簿。银行存款日记账一般采用三栏式，由出纳员根据与银行存款收付有关的记账凭证，按时间先后顺序逐日逐笔进行登记。每日终了，应当计算当日的银行存款借方合计数、贷方合计数和结余数。银行存款日记账应定期与银行对账单相核对，至少每月核对一次。

【例 5-2】新光公司 2019 年 6 月 1 日银行存款账户余额为 800 000 元。6 月发生银行存款相关业务如下，试登记该公司 6 月银行存款日记账。

1）6 月 6 日，向梅江公司电汇 20 000 元，结清前欠货款。

2）6 月 15 日，收到开户银行转来的收账通知书，收到广东怡景家居有限公司（以下简称怡景公司）货款 40 000 元。

3）6 月 20 日，向西丽公司购买油漆一批，货款 30 000 元，以银行存款支付，油漆尚未收到。

4）6 月 25 日，销售书桌一批，货款 50 000 元已收到。

新光公司账务处理如下。

1）编制会计分录与记账凭证，如图 5-16～图 5-19 所示。

① 借：应付账款——梅江公司　　20 000.00

　　贷：银行存款　　20 000.00

记　账　凭　证

2019 年 6 月 6 日　　　　记字第 1 号

摘　要	总账科目	明细科目	借方金额										贷方金额										账页或√
			千	百	十	万	千	百	十	元	角	分	千	百	十	万	千	百	十	元	角	分	
支付前欠货款	应付账款	梅江公司				2	0	0	0	0	0	0											
	银行存款															2	0	0	0	0	0	0	√
附属单证　1　张		合　计			¥	2	0	0	0	0	0	0			¥	2	0	0	0	0	0	0	

会计主管：陈健平　　记账：杨东梅　　审核：谢晓霞　　制单：杨东梅

图 5-16　支付前欠货款业务记账凭证

② 借：银行存款　　40 000.00

　　贷：应收账款——怡景公司　　40 000.00

记 账 凭 证

2019 年 6 月 15 日　　　　记字第 2 号

摘　要	总账科目	明细科目	借方金额										贷方金额										账页或√
			千	百	十	万	千	百	十	元	角	分	千	百	十	万	千	百	十	元	角	分	
收到货款	银行存款					4	0	0	0	0	0	0											√
	应收账款	怡景公司														4	0	0	0	0	0	0	
附属单证	1　张	合　计			¥	4	0	0	0	0	0	0			¥	4	0	0	0	0	0	0	

会计主管：陈健平　　记账：杨东梅　　审核：谢晓霞　　制单：杨东梅

图 5-17　收到货款业务记账凭证

③ 借：在途物资——西丽公司　　30 000.00

　　贷：银行存款　　30 000.00

记 账 凭 证

2019 年 6 月 20 日　　　　记字第 3 号

摘　要	总账科目	明细科目	借方金额										贷方金额										账页或√
			千	百	十	万	千	百	十	元	角	分	千	百	十	万	千	百	十	元	角	分	
购买油漆	在途物资	西丽公司				3	0	0	0	0	0	0											
	银行存款															3	0	0	0	0	0	0	√
附属单证	1　张	合　计			¥	3	0	0	0	0	0	0			¥	3	0	0	0	0	0	0	

会计主管：陈健平　　记账：杨东梅　　审核：谢晓霞　　制单：杨东梅

图 5-18　购买油漆业务记账凭证

④ 借：银行存款　　50 000.00

　　贷：主营业务收入——书桌　　50 000.00

记 账 凭 证

2019年6月25日　　　　　　　　　　　　　　　　　　　　　　　　　　记字第4号

摘　要	总账科目	明细科目	借方金额										贷方金额										账页或√
			千	百	十	万	千	百	十	元	角	分	千	百	十	万	千	百	十	元	角	分	
销售书桌	银行存款					5	0	0	0	0	0	0											√
	主营业务收入	书桌														5	0	0	0	0	0	0	
附属单证　2　张		合　计			¥	5	0	0	0	0	0	0			¥	5	0	0	0	0	0	0	

会计主管：陈健平　　　　记账：杨东梅　　　　审核：谢晓霞　　　　制单：杨东梅

图5-19　销售书桌业务记账凭证

2）登记银行存款日记账，如图5-20所示。

银行存款日记账

2019年		凭证号数		摘要	支票		对方科目	存入（收款）											支取（付款）											结　余											核对
月	日	收款	付款		种类	号数		亿	千	百	十	万	千	百	十	元	角	分	亿	千	百	十	万	千	百	十	元	角	分	亿	千	百	十	万	千	百	十	元	角	分	
6	1			上月结转																													8	0	0	0	0	0	0	0	
6	6		记1	支付前欠货款			应付账款																2	0	0	0	0	0	0				7	8	0	0	0	0	0	0	
6	15	记2		收到货款			应收账款					4	0	0	0	0	0	0															8	2	0	0	0	0	0	0	
6	20		记3	购买油漆			在途物资																3	0	0	0	0	0	0				7	9	0	0	0	0	0	0	
6	25	记4		销售书桌			主营业务收入					5	0	0	0	0	0	0															8	4	0	0	0	0	0	0	

图5-20　银行存款日记账

（2）分类账的登记

1）总分类账的登记。总分类账也称总账，是依据一级会计科目（总分类账户）开设，对经济业务进行总括反映的账簿。总分类账只能以货币为计量单位，一般采用三栏式。总分类账可以直接根据记账凭证逐笔进行登记，也可以把记账凭证定期汇总编制科目汇总表，然后据以进行登记。每项经济业务登记入账后，还应逐项检查登记有无差错，包括账户名称、日期、凭证编号、摘要、金额等，确认无误后，在记账凭证的“记账”栏内打“√”

表示该科目已经登记入账，并在记账凭证上签章，以明确经济责任。

2）明细分类账的登记。明细分类账也称明细账，是依据二级会计科目或明细科目（明细分类账户）开设，对经济业务进行详细反映的账簿。明细分类账一般包括三栏式明细分类账、数量金额式明细分类账和多栏式明细分类账等。

① 三栏式明细分类账的登记。三栏式明细分类账，也称甲式明细分类账，通常根据审核无误的记账凭证及其所附原始凭证逐笔进行登记，如应收账款明细分类账，如图 5-21 所示。

应收账款　明细分类账（甲式）

子目 怡景公司　细目　　　　　　　　　　　　　　　　　　　　第 5 页

2019年		凭证		摘要	借（增）方											贷（减）方											借或贷	结（余）存											核对
月	日	字	号		亿	千	百	十	万	千	百	十	元	角	分	亿	千	百	十	万	千	百	十	元	角	分		亿	千	百	十	万	千	百	十	元	角	分	
5	1			上月结转																							借				2	6	0	0	0	0	0	0	
5	8	记	4	销售产品					6	0	0	0	0	0	0												借				3	2	0	0	0	0	0	0	
5	12	记	8	收回货款															1	2	0	0	0	0	0	0	借				2	0	0	0	0	0	0	0	
5	16	记	12	收回货款																8	0	0	0	0	0	0	借				1	2	0	0	0	0	0	0	

图 5-21　“应收账款”明细分类账

② 数量金额式明细分类账的登记。数量金额式明细分类账也称乙式明细分类账，其“收入”栏由会计人员根据收料单、产成品入库单或记账凭证，逐笔或汇总登记数量、单价和金额。“发出”栏根据领料单、产品出库单逐笔登记数量，单价和金额则根据发出存货计价方法的不同而选择逐笔登记或月末汇总登记。结存数量一般要求逐笔结出，每月最后一笔业务要结出数量、单价和金额。

【例 5-3】新光公司 2019 年 7 月 1 日原材料各明细账户期初余额见表 5-1。7 月发生原材料相关业务如下，试登记该公司 7 月原材料总分类账及其明细分类账。

表 5-1　原材料各明细账户期初余额表

2019 年 7 月 1 日　　　　　　　　　　　　单位：元

明细账户	单位	数量	单价	金额
木条	根	1 200	25.00	30 000.00
油漆	桶	200	280.00	56 000.00
合计	—	—	—	86 000.00

1）7 月 8 日，向梅江公司采购木条 1 000 根，单价 25 元，款项已付，木条已验收入库。

2）7 月 12 日，向西丽公司采购油漆 100 桶，单价 280 元，油漆已验收入库，货款未付。

3）7月16日，生产书桌领用木条2 000根，单价25元；油漆150桶，单价280元。

4）7月25日，向梅江公司采购木条1 000根，单价25元，款项未付，木条已验收入库。

新光公司账务处理如下。

1）编制会计分录与记账凭证，如图5-22～图5-25所示。

① 借：原材料——木条　　25 000.00

　　贷：银行存款　　25 000.00

记　账　凭　证

2019年7月8日　　记字第1号

摘　要	总账科目	明细科目	借方金额										贷方金额										账页或√
			千	百	十	万	千	百	十	元	角	分	千	百	十	万	千	百	十	元	角	分	
采购木条	原材料	木条				2	5	0	0	0	0	0											√
	银行存款															2	5	0	0	0	0	0	
附属单证　3　张		合　计			¥	2	5	0	0	0	0	0			¥	2	5	0	0	0	0	0	

会计主管：陈健平　　记账：杨东梅　　审核：谢晓霞　　制单：杨东梅

图5-22　采购木条业务记账凭证

② 借：原材料——油漆　　28 000.00

　　贷：应付账款——西丽公司　　28 000.00

记　账　凭　证

2019年7月12日　　记字第2号

摘　要	总账科目	明细科目	借方金额										贷方金额										账页或√
			千	百	十	万	千	百	十	元	角	分	千	百	十	万	千	百	十	元	角	分	
采购油漆	原材料	油漆				2	8	0	0	0	0	0											√
	应付账款	西丽公司														2	8	0	0	0	0	0	
附属单证　3　张		合　计			¥	2	8	0	0	0	0	0			¥	2	8	0	0	0	0	0	

会计主管：陈健平　　记账：杨东梅　　审核：谢晓霞　　制单：杨东梅

图5-23　采购油漆业务记账凭证

③ 借：生产成本——书桌　　92 000.00

　贷：原材料——木条　　50 000.00

　　　　　——油漆　　42 000.00

记 账 凭 证

2019 年 7 月 16 日　　记字第 3 号

摘　要	总账科目	明细科目	借方金额										贷方金额										账页或√
			千	百	十	万	千	百	十	元	角	分	千	百	十	万	千	百	十	元	角	分	
生产领用材料	生产成本	书桌				9	2	0	0	0	0	0											
	原材料	木条														5	0	0	0	0	0	0	√
		油漆														4	2	0	0	0	0	0	√
附属单证　1　张		合　计			¥	9	2	0	0	0	0	0			¥	9	2	0	0	0	0	0	

会计主管：陈健平　　记账：杨东梅　　审核：谢晓霞　　制单：杨东梅

图 5-24　生产领用材料业务记账凭证

④ 借：原材料——木条　　25 000.00

　贷：应付账款——梅江公司　　25 000.00

记 账 凭 证

2019 年 7 月 25 日　　记字第 4 号

摘　要	总账科目	明细科目	借方金额										贷方金额										账页或√
			千	百	十	万	千	百	十	元	角	分	千	百	十	万	千	百	十	元	角	分	
采购木条	原材料	木条				2	5	0	0	0	0	0											√
	应付账款	梅江公司														2	5	0	0	0	0	0	
附属单证　3　张		合　计			¥	2	5	0	0	0	0	0			¥	2	5	0	0	0	0	0	

会计主管：陈健平　　记账：杨东梅　　审核：谢晓霞　　制单：杨东梅

图 5-25　采购木条业务记账凭证

2）登记原材料总分类账及所属明细分类账，如图 5-26～图 5-28 所示。

总分类账

会计科目：原材料　　　　　　　　　　　　　　　　　　　　　　　　第 10 页

2019 年 月	日	凭证 字	号	摘　要	借方金额（亿千百十万千百十元角分）	√	贷方金额（亿千百十万千百十元角分）	√	借或贷	余额（亿千百十万千百十元角分）	√
7	1			上月结转					借	8600000	
7	8	记	1	采购木条	2500000				借	11100000	
7	12	记	2	采购油漆	2800000				借	13900000	
7	16	记	3	生产领用材料			9200000		借	4700000	
7	25	记	4	采购木条	2500000				借	7200000	

图 5-26　“原材料”总分类账

原材料 明细分类账（乙式）

品名 木条　　单位 根　　规格＿＿＿＿　　存储地点＿＿＿＿　　第 5 页

2019 年 月	日	凭证 种类	号数	摘　要	收（借）入 数量	单价	金额（百十万千百十元角分）	发（贷）出 数量	单价	金额（百十万千百十元角分）	结（余）存 数量	单价	金额（百十万千百十元角分）	核对
7	1			上月结转							1 200	25.00	3000000	
7	8	记	1	采购木条	1 000	25.00	2500000				2 200	25.00	5500000	
7	16	记	3	生产领用材料				2 000	25.00	5000000	200	25.00	500000	
7	25	记	4	采购木条	1 000	25.00	2500000				1 200	25.00	3000000	

图 5-27　“原材料（木条）”明细分类账

原材料 明细分类账（乙式）

品名 油漆　　单位 桶　　规格＿＿＿＿　　存储地点＿＿＿＿　　第 6 页

2019 年 月	日	凭证 种类	号数	摘　要	收（借）入 数量	单价	金额（百十万千百十元角分）	发（贷）出 数量	单价	金额（百十万千百十元角分）	结（余）存 数量	单价	金额（百十万千百十元角分）	核对
7	1			上月结转							200	280.00	5600000	
7	12	记	2	采购油漆	100	280	2800000				300	280.00	8400000	
7	16	记	3	生产领用材料				150	280	4200000	150	280.00	4200000	

图 5-28　“原材料（油漆）”明细分类账

③ 多栏式明细分类账的登记。多栏式明细分类账在明细分类账户下设置若干专栏，以便在同一账页上集中反映各有关明细项目的金额。多栏式明细分类账主要适用于费用、成本、收入和利润等账户的明细分类核算，如“生产成本”多栏式明细分类账（图 5-29）。

生产成本　多栏式明细分类账

明细科目：书桌　　　　　　　　　　　　　　　　　　　　　　　　　　　　第 28 页

2019 年		凭证		摘　要	合计	成本项目			核对
						直接材料	直接人工	制造费用	
月	日	字	号		亿千百十万千百十元角分	亿千百十万千百十元角分	亿千百十万千百十元角分	亿千百十万千百十元角分	
6	25	记	30	生产领用材料	24000000	24000000			
6	30	记	46	计算分配工资	9000000		9000000		
6	30	记	50	计算分配制造费用	3000000			3000000	

图 5-29　“生产成本”多栏式明细分类账

5.2.3　会计账簿的更换

会计账簿的更换是指企业在会计年度终了时，将上年度的会计账簿更换为下年度的新会计账簿。在每一会计年度结束，新的会计年度开始时，企业应按会计制度的要求更换会计账簿。更换会计账簿时，应将上年度各账户的余额直接记入新年度相应的会计账簿中，并在旧会计账簿年度结账双红线下面一行的“摘要”栏内注明“结转下年”，在“余额”栏内填写年末余额，并将空行注销。然后在新会计账簿第一行“日期”栏内写明“1 月 1 日”，“摘要”栏内注明“上年结转”，在“余额”栏内记入上年余额，余额方向与上年一致。

5.2.4　会计账簿的保管

会计账簿是会计工作的重要历史资料，是企业重要的经济档案，在企业经营管理中具有重要的作用。因此，企业应按照国家的有关规定，加强对会计账簿的管理，做好会计账簿的保管工作。

各会计账簿应按照规定期限进行保管，其中总分类账、明细分类账、日记账及其他辅助性账簿至少应保管 30 年，固定资产卡片自固定资产报废清理后至少保管 5 年。

5.3 认知财产清查

5.3.1 财产清查概述

1. 财产清查的概念

财产清查是指通过对实物、库存现金的实地盘点和对银行存款、往来账款的核对，来确定各项财产物资和往来账款的实有数，查明账存数与实有数是否相符的一种专门方法。

从理论上讲，会计账簿上所记载的财产增减和结存情况，应该与实际的财产收发和结存相符。但在实际工作中，一些客观或人为原因将导致各项财产物资的账面数额与实际结存数额出现差异，如财产物资在运输、保管过程中发生自然损耗，有关工作人员玩忽职守造成财产物资损失等。

为了保证会计账簿记录的真实和准确，一方面，企业应建立健全财产物资管理制度，确保财产物资的完整无损；另一方面，企业必须运用财产清查方法，定期或不定期地对各项财产物资进行清查，以做到账实相符。

2. 财产清查的种类

（1）按清查范围分类

按清查范围的不同，财产清查可分为全部清查和局部清查两种。

1）全部清查。全部清查是指对企业全部财产进行盘点和核对。在以下几种情况下，企业应对财产物资进行全部清查：①年终决算之前，为确保年终决算会计信息的真实和准确；②企业关停并转或改变其隶属关系；③中外合资或合营；④开展清产核资；⑤单位主要负责人调离工作等。

2）局部清查。局部清查是指根据需要对企业的一部分财产进行清查。需要进行局部清查的情况：①对库存现金应每日盘点一次；②对银行存款至少每月应同银行对账一次；③对各种材料、在产品和产成品，除年度清查外，应有计划地每月开展重点抽查；④对债权资产每个会计年度内应至少核对一至两次等。

（2）按清查时间分类

按清查时间的不同，财产清查可分为定期清查和不定期清查两种。

1）定期清查。定期清查是指根据计划安排的时间对财产进行的清查。定期清查通常在年末、季末或月末结账前进行。

2）不定期清查。不定期清查是指根据需要所进行的临时清查。不定期清查通常在以下几种情况下进行：①更换财产物资保管员和出纳员时；②发生非常损失时；③有关单位对本企业进行审计时等。

5.3.2 财产清查的内容与方法

1. 货币资金的清查

（1）库存现金的清查

库存现金清查通常采用实地盘点法确定库存现金的实有数，再与企业库存现金日记账的账面余额进行核对，以查明账实是否相符。库存现金清查，应在出纳员在场的情况下，由清查人员对库存现金进行实地盘点，检查是否存在挪用现金、白条抵库、超限额留存现金等情况，以及账款是否相符等。盘点结束后，应根据清查结果填制库存现金盘点报告表（图 5-30），对挪用现金、白条抵库情况，应及时予以纠正；对超限额留存的现金，应及时送存银行；如账款不符，应及时查明原因，区别情况进行处理。

库存现金盘点报告表

2019 年 6 月 20 日

现金清点结果					
货币面值	张数	金额（元）	货币面值	张数	金额（元）
100 元	20	2 000.00	5 角	10	5.00
50 元	5	250.00	2 角	20	4.00
20 元	20	400.00	1 角	0	0
10 元	16	160.00	5 分	0	0
5 元	8	40.00	2 分	0	0
2 元	5	10.00	1 分	0	0
1 元	10	10.00	—		
现金清点合计	¥2 879.00		现金长款	¥20.00	
现金账面余额	¥2 859.00		现金短款	—	
备注	原因待查				

会计主管：陈健平　　出纳：谢晓霞　　清点人员：杨东梅

图 5-30　库存现金盘点报告表

（2）银行存款的清查

银行存款清查通常是利用开户银行转来的对账单，与企业银行存款日记账逐笔核对，以检查账实是否相符。

银行对账单的核对应由非出纳的会计人员进行核对并签章。核对人员进行核对时，应将银行存款日记账上的每笔业务与银行对账单逐笔勾对。

银行对账单余额与本单位银行存款日记账余额经常不一致，出现这种情况主要有两种可能：一是企业或银行记录有误，未及时更正；二是发生未达账项，未编制银行存款余额调节表进行调节。

1）未达账项类型。未达账项是指企业和银行之间由于凭证传递的时间差，造成一方已登记入账，而另一方尚未入账的款项。未达账项具体可分为以下 4 种。

① 企业已收款入账，而银行尚未收款入账。例如，企业已送存银行的转账支票，银行尚未收妥款项。

② 企业已付款入账，而银行尚未付款入账。例如，企业开出支票，持票人尚未办理转账。

③ 银行已收款入账，而企业尚未收款入账。例如，银行已收妥托收款项，企业尚未收到相关凭证。

④ 银行已付款入账，而企业尚未付款入账。例如，银行已从企业存款账户扣除借款利息，企业尚未收到相关凭证。

2）未达账项调节。当发生未达账项时，核对人员应编制银行存款余额调节表进行调节。

银行存款余额调节表的编制方法：在银行存款日记账和银行对账单账面余额的基础上，各自加上对方已收、己方未收的款项，减去对方已付、己方未付的款项，最后求出各自调节后的存款余额。调节后的银行存款余额表示企业当日银行存款实有数。

调节后的银行存款日记账余额与银行对账单余额应相等。如果不相等，表明双方或一方账面记录有误，存在错账或漏账，需要进一步核对账目，查明原因并更正。

编制银行存款余额调节表，只是为了核对账目，并不能以此作为调整银行存款账面记录的原始凭证。对于未达账项，企业会计人员必须等到银行结算凭证到达后，才能据以填制银行存款收、付款凭证，出纳人员才能据以登记银行存款日记账。

【例5-4】 新光公司2019年8月银行存款日记账见表5-2，银行对账单见表5-3。试对新光公司的银行存款日记账进行对账，并编制未达账项列表和银行存款余额调节表。

表5-2 银行存款日记账

日期	摘要	借方	贷方	借或贷	余额（元）
8.1	上月结转			借	833 000.00
8.1	支付材料款		33 900.00	借	799 100.00
8.6	收到货款	113 000.00		借	912 100.00
8.11	收到货款	565 000.00		借	1 477 100.00
8.18	收到货款	72 320.00		借	1 549 420.00
8.22	支付材料款		474 600.00	借	1 074 820.00
8.28	收到货款	300 000.00		借	1 374 820.00
8.29	支付材料款		400 000.00	借	974 820.00
8.31	本月合计	1 050 320.00	908 500.00	借	974 820.00

表5-3 中国建设银行对账单

存款单位：广东新光家居有限公司　　账号：11682674052　　2019年08月31日

交易日期	摘要	借方	贷方	借或贷	余额（元）
8.1	期初余额			贷	833 000.00
8.1	支付材料款	33 900.00		贷	799 100.00
8.6	收到货款		113 000.00	贷	912 100.00
8.11	收到货款		565 000.00	贷	1 477 100.00
8.18	收到货款		72 320.00	贷	1 549 420.00
8.22	支付材料款	474 600.00		贷	1 074 820.00
8.29	支付电费	21 900.00		贷	1 052 920.00
8.30	收到货款		50 000.00	贷	1 102 920.00
8.30	支付借款利息	10 000.00		贷	1 092 920.00
8.31	本月合计	540 400.00	800 320.00	贷	1 092 920.00

1）编制未达账项列表，见表5-4。

表5-4　未达账项列表

2019年8月31日

企业未达账项				银行未达账项			
日期	摘要	未收（元）	未付（元）	日期	摘要	未收（元）	未付（元）
8.29	支付电费		21 900.00	8.28	收到货款	300 000.00	
8.30	收到货款	50 000.00		8.29	支付材料款		400 000.00
8.30	支付借款利息		10 000.00				
合计		50 000.00	31 900.00	合计		300 000.00	400 000.00

会计主管：陈健平　　复核：朱玲玲　　清查：杨东梅

2）编制银行存款余额调节表，见表5-5。

表5-5　银行存款余额调节表

2019年8月31日

项目	金额（元）	项目	金额（元）
银行存款日记账余额	974 820.00	银行对账单余额	1 092 920.00
加：银行已收，企业未收	50 000.00	加：企业已收，银行未收	300 000.00
减：银行已付，企业未付	31 900.00	减：企业已付，银行未付	400 000.00
调节后余额	992 920.00	调节后余额	992 920.00

会计主管：陈健平　　复核：朱玲玲　　清查：杨东梅

2. 实物财产的清查

实物财产是指具有实物形态的各种财产，包括原材料、半成品、在产品、产成品、低值易耗品、包装物、固定资产等。

（1）实物财产清查方法

1）实地盘点法是指通过点数、过磅、量尺等方法来确定财产的实有数额的方法。该方法一般适用于机器设备、包装好的原材料、在产品和库存商品等财产物资的清查。

2）技术推算法是指利用量方、计尺等技术方法对财产的实存数进行推算的方法。该方法一般适用于散装的、大量成堆且难以逐一清点其实存数的财产物资的清查，如煤炭、沙子等。

3）抽样盘存法是指采用抽取一定数量样品的方法对财产的实存数进行估算确定的方法。该方法一般适用于数量多、重量和体积比较均衡的财产物资的清查。

4）函证核对法也称询证核对法，是指通过向对方发函的方式对财产的实有数进行确定的方法。该方法一般适用于委托外单位加工或保管的财产物资的清查。

（2）实物财产的具体清查

为了明确经济责任，在进行实物财产清查时，实物财产保管人员必须在场，并参加盘

点工作。对各项财产物资的盘点结果，应如实准确地登记在盘存单（图5-31）上，并由参加盘点的人员同时签章。盘存单是财产清查结果的书面证明，是反映实物财产实有数的原始凭证。

盘 存 单

年 月 日

序号	财产名称	规格型号	计量单位	实存数量	单价	金额	备注

仓库主管： 清查： 保管员：

图5-31 盘存单

盘点完毕，将盘存单中所记录的实存数和账面结存数相核对，如果发现不相符，应根据盘存单和有关会计账簿记录，填制实存账存对比表（图5-32），以确定实物财产的盘盈数或盘亏数。实存账存对比表是记录财产清查结果的原始凭证，也是分析盈亏原因，明确经济责任，以及进行账务处理的重要依据。

实存账存对比表

年 月 日

单位：元

财产名称	规格型号	单位	数量		单价	盘盈		盘亏	
			账存	实存		数量	金额	数量	金额
合计									

仓库主管： 清查： 保管员：

图5-32 实存账存对比表

3. 往来款项的清查

往来款项清查是指对各项应收、应付款项，预收、预付款项，以及其他应收、应付款项等的清查。

往来款项清查通常采用函证核对法，即寄送往来款项对账单（图5-33）给对方，请对方单位进行核对，要求对方单位将对账结果注明并寄回。

往来款项对账单

______________单位：

贵单位于××××年××月××日购入我单位××产品×××件，已付货款×××元，尚有×××元货款未付，请核对后将回联单寄回。谢谢！

清查单位：（盖章）

××××年××月××日

沿此虚线裁开，将以下回联单寄回！

往来款项对账单（回联）

______________清查单位：

贵单位寄来的往来款项对账单已经收到，经核对相符无误。

单位：（盖章）

××××年××月××日

图 5-33　往来款项对账单

5.3.3 财产清查结果处理

1. 账户设置

企业应设置“待处理财产损溢”账户，核算企业在财产清查中查明的各种财产的盘盈、盘亏和毁损情况。物资在运输途中发生的非正常短缺与损耗，也通过该账户核算。该账户属于资产类账户，借方登记各种财产的盘亏、毁损金额及批准转销的盘盈金额，贷方登记各种财产的盘盈金额和批准转销的盘亏金额。

企业各种财产的损溢应及时查明原因，在期末结账前处理完毕，期末处理后，“待处理财产损溢”账户应无余额。该账户应设置“待处理流动资产损溢”和“待处理非流动资产损溢”两个明细账户，进行明细分类核算。“待处理财产损溢”账户结构如图 5-34 所示。

借方　　　待处理财产损溢	贷方
	期初：无余额
本期：登记各种财产的盘亏、毁损金额及批准转销的盘盈金额	登记各种财产的盘盈金额和批准转销的盘亏金额
	期末：无余额

图 5-34　“待处理财产损溢”账户结构

2. 会计核算

（1）库存现金清查结果核算

1）查明原因前的核算。现金清查中如发现有待查明原因的长款（现金溢余）或短款（现金短缺），应通过“待处理财产损溢——待处理流动资产损溢”账户及时做出处理，以保证

账实相符。

① 现金长款。现金清查中发现现金长款，应按长款金额，借记“库存现金”科目，贷记“待处理财产损溢——待处理流动资产损溢”科目。

② 现金短款。现金清查中发现现金短款，应按短款金额，借记“待处理财产损溢——待处理流动资产损溢”科目，贷记“库存现金”科目。

2）查明原因后的核算。

① 现金长款。现金长款查明原因后，属于多收或少付，应支付给有关人员或单位的，应借记“待处理财产损溢——待处理流动资产损溢”科目，贷记“其他应付款”科目；属于无法查明原因的现金长款，经批准后转入营业外收入，借记“待处理财产损溢——待处理流动资产损溢”科目，贷记“营业外收入”科目。

② 现金短款。现金短款查明原因后，属于少收或多付的，以及应由责任人赔偿和保险公司赔偿的部分，借记“其他应收款”或“库存现金”等科目，贷记“待处理财产损溢——待处理流动资产损溢”科目；属于无法查明原因的现金短款，经批准后计入当期管理费用，借记“管理费用”科目，贷记“待处理财产损溢——待处理流动资产损溢”科目。

【例 5-5】新光公司在 2019 年 6 月 12 日的现金清查中，发现库存现金短款 50 元。经核查，现金短款 50 元无法查明原因，经批准列为管理费用。新光公司账务处理如下。

1）查明原因前：

借：待处理财产损溢——待处理流动资产损溢	50.00	
贷：库存现金		50.00

2）查明原因，报经批准后：

借：管理费用——其他	50.00	
贷：待处理财产损溢——待处理流动资产损溢		50.00

（2）存货清查结果核算

企业发生存货盘盈、盘亏或毁损时，通过“待处理财产损溢”账户进行核算。

1）存货盘盈的核算。企业发生存货盘盈时，应按同类或类似存货的市场价格，借记“原材料”“库存商品”等科目，贷记“待处理财产损溢——待处理流动资产损溢”科目；查明原因，报经批准后，借记“待处理财产损溢——待处理流动资产损溢”科目，贷记“管理费用”或“应付账款”等科目。

2）存货盘亏或毁损的核算。企业发生存货盘亏或毁损时，应按其账面成本及时转销，借记“待处理财产损溢——待处理流动资产损溢”科目，贷记“原材料”“库存商品”“应交税费——应交增值税（进项税额转出）”（因管理不善造成被盗、丢失、霉烂变质的损失部分所含的进项税额应转出）等科目；查明原因，报经批准处理后，根据造成盘亏或毁损的原因，分别进行核算处理。入库的残料价值，借记“原材料”等科目；应由保险公司和过失人赔偿的，借记“其他应收款”科目；扣除残料价值和保险公司、过失人的赔款后的净损失，属于定额内损耗或自然损耗，以及因材料收发计量方面的错误而发生的损耗，借记“管理费用”科目；属于自然灾害等不可抗力造成的损失，借记“营业外支出”科目，贷记“待处理财产损溢——待处理流动资产损溢”科目。

【例 5-6】新光公司 2019 年 6 月 30 日对原材料进行盘点，发现木条短缺 20 根，单位成本为 25 元，经查，木条短缺是仓库管理员陈丽玲管理不善所致，应收过失人赔偿金 200 元，其他计入管理费用。新光公司账务处理如下。

1）查明原因前：

木条盘亏＝20×25＝500（元）

进项税额转出＝500×13%＝65（元）

借：待处理财产损溢——待处理流动资产损溢　565.00
　　贷：原材料——木条　500.00
　　　　应交税费——应交增值税（进项税额转出）　65.00

2）查明原因，报经批准后：

管理费用＝500×（1＋13%）－200＝365（元）

借：其他应收款——陈丽玲　200.00
　　管理费用　365.00
　　贷：待处理财产损溢——待处理流动资产损溢　565.00

（3）固定资产清查结果核算

1）固定资产盘盈核算。企业在财产清查中盘盈固定资产，应作为前期差错处理，通过“以前年度损益调整”账户核算。

① 盘盈时，按盘盈固定资产的重置价值减去估计价值损耗（估计折旧）后的余额，借记“固定资产”科目，贷记“以前年度损益调整”科目。

② 报经审批处理时，按盘盈固定资产的净值，借记“以前年度损益调整”科目；按应调整增加的应交所得税，贷记“应交税费——应交所得税”科目；按其余额计算应调整增加的盈余公积，贷记“盈余公积——法定盈余公积”科目；按其差额，贷记“利润分配——未分配利润”科目。

2）固定资产盘亏核算。企业在财产清查中盘亏固定资产，应通过“待处理财产损溢——待处理非流动资产损溢”账户核算。

① 盘亏时，按盘亏固定资产的账面价值（净值），借记“待处理财产损溢——待处理非流动资产损溢”科目；按已计提折旧额，借记“累计折旧”科目；按盘亏固定资产的原始价值，贷记“固定资产”科目。

② 报经审批处理时，按可收回的保险赔偿或过失人赔偿，借记“其他应收款”科目；按盘亏固定资产的净值，贷记“待处理财产损溢——待处理非流动资产损溢”科目；按其差额，借记“营业外支出——盘亏损失”科目。

【例 5-7】新光公司 2019 年 7 月 31 日在财产清查中，发现盘亏锯木机一台，其原值为 5 000 元，已计提折旧为 4 000 元。经批准，该盘亏固定资产作为营业外支出处理。新光公司账务处理如下。

1）盘亏固定资产时：

借：待处理财产损溢——待处理非流动资产损溢　1 000.00
　　累计折旧　4 000.00

贷：固定资产——锯木机　　5 000.00

2）报经批准，计入营业外支出时：

借：营业外支出——盘亏损失　　1 000.00

贷：待处理财产损溢——待处理非流动资产损溢　　1 000.00

（4）往来款项清查结果核算

对于往来款项，在清查过程中的长余或短缺，一般不通过“待处理财产损溢”账户核算，而应按规定程序报经批准后，分别处理。

1）对于经查明确实无法支付的应付账款（如因债权人撤销等原因而产生无法支付的应付账款），企业应按其账面余额予以转销，计入营业外收入，借记“应付账款”科目，贷记“营业外收入”科目。

【例5-8】新光公司在财产清查中，查明应付给广东东江建材有限公司（以下简称东江公司）的欠款1 000元，因其已破产，无法偿还，经批准，转为营业外收入。新光公司账务处理如下。

借：应付账款——东江公司　　1 000.00

贷：营业外收入　　1 000.00

2）对于经查明确实无法收回的应收账款，应按管理权限报经批准后作为坏账核销，借记“坏账准备”科目，贷记“应收账款”科目。

【例5-9】新光公司2019年8月10日确认新华公司的应收账款无法收回，经批准，确认发生坏账2 000元。新光公司账务处理如下。

借：坏账准备　　2 000.00

贷：应收账款——新华公司　　2 000.00

5.4　对账、错账更正与结账

5.4.1　对账

1. 对账的概念

对账就是核对账目，是指在结账前，将账簿记录和会计凭证、各种会计账簿之间，以及账簿记录与实物及货币资金的实存数进行核对，以保证账证相符、账账相符和账实相符。

2. 对账的内容

1）账证核对。账证核对是指将各种账簿记录与记账凭证及所附原始凭证进行核对。账证核对主要在日常填制记账凭证和记账过程中进行。

2）账账核对。账账核对是指对各种会计账簿之间的有关数字进行核对。账账核对应每月月末进行一次，如总分类账各账户的本期发生额和期末余额与所属明细分类账户的相应数字进行核对。

3）账实核对。账实核对是指将账簿记录与各项财产物资、款项实存数进行核对。账实核对一般在年终财产清查时进行，平时也可以通过盘点进行核对。例如，每日终了，应将现金日记账的余额与实际库存现金进行核对。

5.4.2 错账更正

1. 错账的查找方法

错账的查找一般可以采用尾数法、差数法、除 2 法、除 9 法等方法。

（1）尾数法

如果账簿记录发生金额尾数错误，即差错是角、分，可以只检查元以下的尾数，以提高查错的效率。例如，金额只差 0.06 元，只需看一下尾数有“0.06”的金额，看其是否已登记入账。

（2）差数法

差数法是指先确定错误的差额，找出差额所在的范围，直接从账账之间的差额数字来查找错误的方法。此法一般适用于查找漏记、重记的差错。

例如，会计凭证上记录：

借：应交税费——应交增值税（已交税金）	5 250.00	
——应交城市维护建设税	367.50	
——应交教育费附加	157.50	
——应交个人所得税	500.00	
贷：银行存款		6 275.00

若会计人员在记账时漏记了城市维护建设税 367.50 元，那么在进行应交税费总分类账和明细分类账核对时，就会出现总分类账借方余额比明细分类账借方余额多 367.50 元。对于类似差错，应由会计人员通过回忆相关金额的记账凭证进行查找。

（3）除 2 法

如果在记账过程中出现将记账方向记反，借方记入了贷方，贷方记入了借方的差错，将导致该账户一方合计数增多，另一方合计数减少，而差额正好是记错方向金额的两倍。对于这种错误，可用差错数除以 2，得出的商数就是将记账方向记反的数字，然后到会计账簿中去查找该差错的数字。

例如，会计凭证上记录：

借：其他应收款——办公室	500.00	
贷：库存现金		500.00

在登记明细分类账时，若会计人员错把其他应收款登入贷方，总分类账与明细分类账核对时，就会出现总分类账借方余额多于明细分类账借方余额 1 000 元，将 1 000 元除以 2，正好是贷方记错的 500 元。

（4）除 9 法

除 9 法是指用差错的数额除以 9 来查找错账的方法。该法主要适用于下列两种错误的查找。

1）数字错位。在查找错误时，如果差错的数额较大，就应该检查一下是否在记账时发生了数字错位。在登记账簿时，会计人员有时会把位数看错，把十位数看成百位数，把百位数看成千位数，把小数看大；也可能把百位数看成十位数，千位数看成百位数，把大数看小。这种情况下，差错数额一般比较大，可以用除 9 法进行检查。例如，将 70 元看成了 700 元并登记入账，此时在对账时就会出现差额 630 元（700－70），用 630 除以 9，商为 70，70 元就是应该记录的正确数额。又如，收入现金 800 元，误记为 80 元，对账结果会出现 720 元（800－80）差额，用 720 除以 9，商为 80，商数即为差错数。

2）相邻数字颠倒错误的查找。在记账时，有时易将相邻的两位数或三位数的数字登记颠倒，如将 86 记成 68，将 315 记成 513，它们的差值分别是 18 和 198，都可以被 9 整除，这样知道错误之后，就可以进一步判断错在哪一笔业务上。

如果用上述方法检查均未发现错误，而对账结果又确实不符，还可以采用顺查法、逆查法、抽查法等方法检查是否有漏记和重记等现象。顺查法是指按账务处理的顺序，从凭证开始到账簿记录止，从头到尾进行普遍核对。逆查法是指与账务处理顺序相反，从尾到头的检查方法。抽查法是指抽取账簿记录中某些局部进行检查的方法。

2. 错账的更正方法

账簿登记应力求正确和清楚，避免差错。如果发生记账错误，应按规定方法进行更正。错账的更正方法一般包括划线更正法、红字更正法和补充登记法等。

（1）划线更正法

划线更正法，是指用划线来更正错账的方法。划线更正法一般适用于结账前发现账簿记录文字或数字错误，而记账凭证没有错误的情形。

更正时，应在错误的文字或数字上划一条红线，在红线上方填写正确的文字或数字，并由更正人员在更正处盖章，以明确责任。

对于数字的错误，应全部划红线注销，不得只更正其中错误的数字，并保持原有数字清晰可辨，以便审查。对于文字的错误，可只划去错误的部分。

【例 5-10】新光公司会计杨东梅在对账时发现，他在根据正确的记账凭证登记“应付股利”账户总分类账时，误将应记入“贷方金额”栏的 50 000 元记为 5 000 元，采用划线更正法进行更正，如图 5-35 所示。

总分类账

会计科目：应付股利　　　　第 60 页

<table>
<tr><td colspan="2">2019 年</td><td colspan="2">凭证</td><td rowspan="2">摘　要</td><td colspan="11">借方金额</td><td rowspan="2">√</td><td colspan="11">贷方金额</td><td rowspan="2">√</td><td rowspan="2">借或贷</td><td colspan="11">余　额</td><td rowspan="2">√</td></tr>
<tr><td>月</td><td>日</td><td>字</td><td>号</td><td>亿</td><td>千</td><td>百</td><td>十</td><td>万</td><td>千</td><td>百</td><td>十</td><td>元</td><td>角</td><td>分</td><td>亿</td><td>千</td><td>百</td><td>十</td><td>万</td><td>千</td><td>百</td><td>十</td><td>元</td><td>角</td><td>分</td><td>亿</td><td>千</td><td>百</td><td>十</td><td>万</td><td>千</td><td>百</td><td>十</td><td>元</td><td>角</td><td>分</td></tr>
<tr><td>6</td><td>1</td><td></td><td></td><td>上月结转</td><td></td><td></td><td></td><td></td><td></td><td></td><td></td><td></td><td></td><td></td><td></td><td></td><td></td><td></td><td></td><td></td><td></td><td></td><td></td><td></td><td></td><td></td><td></td><td></td><td>贷</td><td></td><td></td><td></td><td></td><td>1</td><td>0</td><td>0</td><td>0</td><td>0</td><td>0</td><td>0</td><td></td></tr>
<tr><td>6</td><td>26</td><td>转</td><td>12</td><td>宣告分派现金股利</td><td></td><td></td><td></td><td></td><td></td><td></td><td></td><td></td><td></td><td></td><td></td><td></td><td></td><td></td><td></td><td></td><td>5</td><td>0</td><td>0</td><td>0</td><td>0</td><td>0</td><td>0</td><td></td><td>贷</td><td></td><td></td><td></td><td></td><td>6</td><td>0</td><td>0</td><td>0</td><td>0</td><td>0</td><td>0</td><td></td></tr>
<tr><td></td><td></td><td></td><td></td><td></td><td></td><td></td><td></td><td></td><td></td><td></td><td></td><td></td><td></td><td></td><td></td><td></td><td></td><td colspan="3">杨东梅</td><td></td><td>~~5~~</td><td>~~0~~</td><td>~~0~~</td><td>~~0~~</td><td>~~0~~</td><td>~~0~~</td><td></td><td></td><td></td><td colspan="3">杨东梅</td><td>~~1~~</td><td>~~5~~</td><td>~~0~~</td><td>~~0~~</td><td>~~0~~</td><td>~~0~~</td><td>~~0~~</td><td></td></tr>
<tr><td></td><td></td><td></td><td></td><td></td><td></td><td></td><td></td><td></td><td></td><td></td><td></td><td></td><td></td><td></td><td></td><td></td><td></td><td></td><td></td><td></td><td></td><td></td><td></td><td></td><td></td><td></td><td></td><td></td><td></td><td></td><td></td><td></td><td></td><td></td><td></td><td></td><td></td><td></td><td></td><td></td><td></td></tr>
</table>

图 5-35　“应付股利”总分类账

（2）红字更正法

红字更正法也称红字冲销法，是指用红字记账来冲销错账的方法。红字更正法主要适用于以下两种情形。

1）记账后，发现记账凭证应借应贷科目没有错，只是所记金额大于应记金额。更正时，用红字填制一张记账凭证，应借应贷科目与原记账凭证相同，金额是所记金额与应记金额的差额，在“摘要”栏注明“冲销×××凭证多记金额”，并据以登记入账。

2）记账后，发现记账凭证应借应贷科目或方向有错。更正时，先用红字填制一张与原错误记账凭证相同的记账凭证，在“摘要”栏注明“冲销×××凭证”，并据以登记入账，然后用蓝字填制一张正确的记账凭证，在“摘要”栏注明“订正×××凭证”，并据以登记入账。

【例 5-11】新光公司会计杨东梅在对账时发现，计提利息的记账凭证（图 5-36）应借应贷科目没有错，但多记了 18 000 元，并据以登记了“财务费用”和“应付利息”账户的总分类账。试采用红字更正法进行更正。

记　账　凭　证

2019 年 7 月 28 日　　记字第 36 号

摘　要	总账科目	明细科目	借方金额										贷方金额										账页或√
			千	百	十	万	千	百	十	元	角	分	千	百	十	万	千	百	十	元	角	分	
计提利息	财务费用					2	0	0	0	0	0	0											√
	应付利息															2	0	0	0	0	0	0	√
附属单证	1　张	合　计			¥	2	0	0	0	0	0	0			¥	2	0	0	0	0	0	0	

会计主管：陈健平　　记账：杨东梅　　审核：谢晓霞　　制单：杨东梅

图 5-36　计提利息的记账凭证

新光公司账务处理如下。

1）填制红字记账凭证，如图 5-37 所示。

记　账　凭　证

2019 年 7 月 31 日　　记字第 45 号

摘　要	总账科目	明细科目	借方金额										贷方金额										账页或√
			千	百	十	万	千	百	十	元	角	分	千	百	十	万	千	百	十	元	角	分	
冲销记字第 36 号凭证多记金额	财务费用					1	8	0	0	0	0	0											√
	应付利息															1	8	0	0	0	0	0	√
附属单证	张	合　计			¥	1	8	0	0	0	0	0			¥	1	8	0	0	0	0	0	

会计主管：陈健平　　记账：杨东梅　　审核：谢晓霞　　制单：杨东梅

图 5-37　红字记账凭证

2）据红字记账凭证登记入账，如图 5-38 和图 5-39 所示。

总分类账

会计科目：财务费用　　　　　　　　　　　　　　　　　　　　第 60 页

2019 年		凭证		摘要	借方金额	√	贷方金额	√	借或贷	余额	√
月	日	字	号		亿千百十万千百十元角分		亿千百十万千百十元角分			亿千百十万千百十元角分	
7	28	记	36	计提利息	2000000				借	2000000	
7	31	记	45	冲销记字第 36 号凭证多记金额	1800000				借	200000	

图 5-38　“财务费用”总分类账

总分类账

会计科目：应付利息　　　　　　　　　　　　　　　　　　　　第 45 页

2019 年		凭证		摘要	借方金额	√	贷方金额	√	借或贷	余额	√
月	日	字	号		亿千百十万千百十元角分		亿千百十万千百十元角分			亿千百十万千百十元角分	
7	28	记	36	计提利息			2000000		贷	2000000	
7	31	记	45	冲销记字第 36 号凭证多记金额			1800000		贷	200000	

图 5-39　“应付利息”总分类账

（3）补充登记法

补充登记法是指对少记金额予以补充登记来更正错账的方法。补充登记法一般适用于记账后发现记账凭证应借应贷科目与方向没有错，但所记金额小于应记金额的情形。

更正时，用蓝字填制一张记账凭证，应借应贷科目、方向与原记账凭证相同，金额为少记的金额，在“摘要”栏注明“补记×××凭证少记金额”，并据以登记入账。

【例 5-12】新光公司会计杨东梅在对账时发现，支付前欠货款的记账凭证（图 5-40）应借应贷科目没有错，但少记了 6 000 元，并据以登记了“应付账款”和“银行存款”账户的总分类账。试采用补充登记法进行更正。

记 账 凭 证

2019 年 9 月 16 日　　　　记字第 26 号

摘　要	总账科目	明细科目	借方金额										贷方金额										账页或√
			千	百	十	万	千	百	十	元	角	分	千	百	十	万	千	百	十	元	角	分	
支付前欠货款	应付账款	东环公司				2	0	0	0	0	0	0											√
	银行存款															2	0	0	0	0	0	0	√
附属单证　1　张		合　计			¥	2	0	0	0	0	0	0			¥	2	0	0	0	0	0	0	

会计主管：陈健平　　记账：杨东梅　　审核：谢晓霞　　制单：杨东梅

图 5-40　支付前欠货款的记账凭证

新光公司账务处理如下。

1）填制补记金额的记账凭证，如图 5-41 所示。

记 账 凭 证

2019 年 9 月 30 日　　　　记字第 56 号

摘　要	总账科目	明细科目	借方金额										贷方金额										账页或√
			千	百	十	万	千	百	十	元	角	分	千	百	十	万	千	百	十	元	角	分	
补记记字第26 号凭证少记金额	应付账款	东环公司					6	0	0	0	0	0											√
	银行存款																6	0	0	0	0	0	√
附属单证　　张		合　计				¥	6	0	0	0	0	0				¥	6	0	0	0	0	0	

会计主管：陈健平　　记账：杨东梅　　审核：谢晓霞　　制单：杨东梅

图 5-41　补记金额记账凭证

2）据补记金额记账凭证登记入账，如图 5-42 和图 5-43 所示。

总分类账

会计科目：银行存款　　　　第 2 页

2019 年		凭证		摘要	借方金额											√	贷方金额											√	借或贷	余额											√
月	日	字	号		亿	千	百	十	万	千	百	十	元	角	分		亿	千	百	十	万	千	百	十	元	角	分			亿	千	百	十	万	千	百	十	元	角	分	
9	1			上年结转																									借				9	7	4	8	2	0	0	0	
9	5	记	4	收到货款				6	0	0	0	0	0	0	0														借			1	0	3	4	8	2	0	0	0	
9	9	记	9	支付材料款																1	3	0	0	0	0	0	0		借				9	0	4	8	2	0	0	0	
9	16	记	26	支付前欠货款																	2	0	0	0	0	0	0		借				8	8	4	8	2	0	0	0	
9	30	记	56	补记记字第 26 号凭证少记金额																		6	0	0	0	0	0		借				8	7	8	8	2	0	0	0	

图 5-42　“银行存款”总分类账

总分类账

会计科目：应付账款　　　　　　　　　　　　　　　　　　　　　　　　　　第 42 页

2019 年		凭证		摘要	借方金额											√	贷方金额											√	借或贷	余额											√
月	日	字	号		亿	千	百	十	万	千	百	十	元	角	分		亿	千	百	十	万	千	百	十	元	角	分			亿	千	百	十	万	千	百	十	元	角	分	
9	1			上年结转																									贷				2	5	0	0	0	0	0	0	
9	6	记	6	支付前欠货款					6	0	0	0	0	0	0														贷				1	9	0	0	0	0	0	0	
9	16	记	26	支付前欠货款					2	0	0	0	0	0	0														贷				1	7	0	0	0	0	0	0	
9	30	记	56	补记记字第 26 号凭证少记金额						6	0	0	0	0	0														贷				1	6	4	0	0	0	0	0	

图 5-43　“应付账款”总分类账

5.4.3　结账

1. 结账的概念

结账是指把一定时期内所发生的经济业务，在全部登记入账的基础上，计算出每个账户的本期发生额和期末余额，并将期末余额结转到下期或下年。

结账前，应查明本报告期内所发生的经济业务是否已全部填制记账凭证，并据以登记入账，如果发现错漏应及时补记更正。

2. 结账方法

结账分为月结（月度结账）、季结（季度结账）和年结（年度结账）3 种。

（1）月结

月结是指在需要结出当月发生额的账户本月最后一笔记录下，结出本月发生额和期末余额，在“借或贷”栏列出余额方向，在“摘要”栏内填上“本月合计”，然后在其上下各画一条通栏红单线，表示本月账簿记录结束。

如果账户本月没有发生额或只有一笔发生额，只需要在此行记录下画一条通栏红单线；如果账户需要结出本年累计发生额，应在“本月合计”下面增填“本年累计”一行，并在下面再画一条通栏红单线。

对于不需要按月结出本期发生额的账户，如应收、应付账款明细账，月末结账时，只需在最后一笔经济业务记录下画一条通栏红单线，不需要再结计一次余额。

（2）季结

季结是指对需要结出季度发生额和季末余额的账户，在该季度最后一个月的月结数字的下一行，结出本季发生额和季末余额，在“摘要”栏内填上“本季合计”，并在季结记录下面画一条通栏红单线，表示本季度账簿记录结束。

（3）年结

年结是指结出各账户本年度发生额和年末余额，记录在第 4 季度结算数字的下一行，在“摘要”栏内填上“本年合计”，并在下面画一条通栏红双线，以表示年度账簿记录结束。

年度结账后，各账户的年末余额应转入下年度的新会计账簿。

月结、季结和年结示例如图 5-44 所示。

总分类账

会计科目：原材料　　　　　　　　　　　　　　　　　　　　　　　　　　　　　第 10 页

2019年 月	日	凭证 字	号	摘要	借方金额（亿千百十万千百十元角分）	√	贷方金额（亿千百十万千百十元角分）	√	借或贷	余额（亿千百十万千百十元角分）	√
10	1			上月结转					借	8600000	
10	8	记	5	采购木条	2500000				借	11100000	
10	12	记	16	采购油漆	2800000				借	13900000	
10	16	记	23	生产领用材料			9200000		借	4700000	
10	25	记	36	采购木条	2500000				借	7200000	
10	31	记	40	本月合计	7800000		9200000		借	7200000	
11	1			上月结转					借	7200000	
				……							
				……							
				……							
11	30			本月合计					借	8500000	
12	1			上月结转					借	8500000	
				……							
				……							
				……							
12	31			本月合计					借	7500000	
				本季合计					借	7500000	
				本年合计					借	7500000	
				结转下年					借	7500000	

图 5-44　月结、季结和年结示例

本章小结

会计账簿是指以经审核无误的会计凭证为依据，由具有专门格式和相互联系的账页组成，用来分门别类、连续地登记企业各项经济业务的簿籍。

会计账簿按其用途，可以分为日记账、分类账和备查账 3 种。会计账簿按其形式，可以分为订本式账簿、活页式账簿和卡片式账簿 3 种。会计账簿按其账页格式，可以分为三栏式账簿、数量金额式账簿、多栏式账簿和横线登记式账簿 4 种。

新的会计年度开始，企业应启用新的会计账簿。启用新的会计账簿，应填写账簿启用表。账簿启用表应填写用户名称、账簿名称、账簿号码、启用日期、经管人员信息、单位盖章及粘贴印花税票等。

现金日记账是用来核算和反映现金每天的收入、支出和结存情况的账簿。现金日记账一般采用三栏式，由出纳人员根据与现金收付有关的记账凭证，按时间先后顺序逐日逐笔进行登记。

银行存款日记账是用来核算和反映银行存款每天的收入、支出和结存情况的账簿。银行存款日记账一般采用三栏式，由出纳人员根据与银行存款收付有关的记账凭证，按时间先后顺序逐日逐笔进行登记。

总分类账也称总账，是依据一级会计科目（总分类账户）开设，对经济业务进行总括反映的账簿。总分类账只能以货币为计量单位，一般采用三栏式。总分类账可以直接根据记账凭证逐笔进行登记，也可以把记账凭证定期汇总编制科目汇总表，然后据以进行登记。

明细分类账也称明细账，是依据二级会计科目或明细科目（明细分类账户）开设，对经济业务进行详细反映的账簿。明细分类账一般包括三栏式明细分类账、数量金额式明细分类账和多栏式明细分类账等。

财产清查是指通过对实物、库存现金的实地盘点和对银行存款、往来账款的核对，来确定各项财产物资和往来账款的实有数，查明账存数与实有数是否相符的一种专门方法。按清查范围的不同，财产清查可分为全部清查和局部清查两种。按清查时间的不同，财产清查可分为定期清查和不定期清查两种。

库存现金清查通常采用实地盘点法确定库存现金的实有数，再与库存现金日记账的账面余额进行核对，以查明账实是否相符。库存现金清查，应在出纳人员在场的情况下，由清查人员对库存现金进行实地盘点，检查是否存在挪用现金、白条抵库、超限额留存现金等情况，以及账款是否相符等。

银行存款清查通常是利用开户银行转来的对账单，与企业银行存款日记账逐笔核对，以检查账实是否相符。银行对账单的核对应由非出纳的会计人员进行核对并签章。核对人员进行核对时，应将银行存款日记账上的每笔业务与银行对账单逐笔勾对。

实物财产是指具有实物形态的各种财产，包括原材料、半成品、在产品、产成品、低值易耗品、包装物和固定资产等。为了明确经济责任，在进行实物财产清查时，实物财产保管人员必须在场，并参加盘点工作。

往来款项清查主要是指对各项应收、应付款项，预收、预付款项，以及其他应收、应付款项等的清查。往来款项清查通常采用函证核对法，即寄送往来款项对账单给对方，请对方单位进行核对，要求对方单位将对账结果注明并寄回。

对账就是核对账目，指在结账前，将账簿记录与会计凭证、各种会计账簿之间，以及账簿记录与实物及货币资金的实存数进行核对，以保证账证相符、账账相符和账实相符。

账簿登记应力求正确和清楚，避免差错。如果发生记账错误，应按规定方法进行更正。错账更正的方法一般包括划线更正法、红字更正法和补充登记法等。

结账是指把一定时期内所发生的经济业务，在全部登记入账的基础上，计算出每个账户的本期发生额和期末余额，并将期末余额结转到下期或下年。结账分为月结（月度结账）、季结（季度结账）和年结（年度结账）3 种。

第6章　认知和编制财务报表

学习目标

1. 能够叙述财务报表的概念和种类。
2. 能够熟记财务报表的编制要求。
3. 能够叙述资产负债表的概念和作用。
4. 能够熟记资产负债表的结构。
5. 能够掌握资产负债表的编制。
6. 能够叙述利润表的概念与结构。
7. 能够掌握利润表的编制。
8. 能够叙述现金流量表的概念与结构。
9. 能够掌握现金流量表的编制。

学习要点

1. 资产负债表的编制。
2. 利润表的编制。
3. 现金流量表的编制。

6.1　认知财务报表

6.1.1　财务报表的概念

财务报表是指企业对外提供的反映企业某一特定日期的财务状况和某一会计期间的经营成果、现金流量的报表文件。财务报表至少应当包括以下组成部分：资产负债表、利润表、现金流量表、所有者权益（或股东权益）变动表、附注。

6.1.2　财务报表的种类

1. 按编报时间分类

财务报表按其编报时间的不同，可分为月报、季报、半年报和年报。

1）月报。月报是指企业在公历月末编制、报送的财务报表。

2）季报。季报是指企业在每个季度末编制、报送的财务报表。

3）半年报。半年报是指企业在年度中期编制、报送的财务报表。

4）年报。年报是指企业在公历年末编制、报送的财务报表。

2. 按反映的经济内容分类

财务报表按其反映的经济内容的不同，可分为资产负债表、利润表和现金流量表。

1）资产负债表。资产负债表是指反映企业在某一特定日期财务状况的报表。

2）利润表。利润表是指反映企业在一定会计期间经营成果的报表。

3）现金流量表。现金流量表是指反映企业在一定会计期间现金、现金等价物流入和流出的报表。

3. 按反映的财务活动方式分类

财务报表按其反映的财务活动方式的不同，可分为静态报表和动态报表。

1）静态报表。静态报表是指反映企业某一时点财务状况的财务报表。

2）动态报表。动态报表是指反映企业一定时期内经营成果的财务报表。

4. 按编制范围分类

财务报表按其编制范围的不同，可分为个别财务报表和合并财务报表。

1）个别财务报表。个别财务报表是指独立核算的企业用来反映其经营活动和财务状况的报表。

2）合并财务报表。合并财务报表是指由母公司编制的，包括母公司和控股子公司财务报表的有关数字，反映整个企业集团经营成果和财务状况的报表。

6.1.3　财务报表的编制要求

企业编制财务报表时，必须做到内容完整、数字真实、计算准确和编报及时。

1. 内容完整

财务报表作为会计核算工作的结果，必须全面反映企业经营活动的全貌。企业在编制财务报表时必须按照统一规定的种类编报；对各项财务报表的表内项目和表外补充资料，都必须完整填列，不得漏列和任意取舍；对企业的某些重要会计事项，应在报表附注中加以说明。

2. 数字真实

财务报表的数字必须真实反映企业的经营状况，这样才便于使用者据此做出判断、决策。企业编制财务报表必须以审核无误的账簿记录资料为依据，不得任意估计、弄虚作假。

3. 计算准确

财务报表内的各项指标都是反映企业财务状况和经营活动的相关信息。企业编制财务报表时必须根据有关资料正确分析其反映的经济内容，正确计算、填列，避免出现计算差错。

4. 编报及时

财务报表提供的信息具有时效性。企业必须在规定的期限内编报各项财务报表，不得拖延，以便报表阅读者及时了解情况，发现问题，做出决策。

知识拓展 6-1

企业财务报表对外报送时间

按现行规定，企业必须在规定的期限内编报各项财务报表，财务报表对外提供的时间要求：①月报，应在月度终了后 6 天（节假日顺延，下同）内报出；②季报，应在季度终了后 5 天内报出；③半年报，应在年度中期结束后 60 天内报出；④年报，应在年度终了后 4 个月内报出。

6.2 编制资产负债表

6.2.1 资产负债表的概念

资产负债表是企业主要财务报表之一，它属于静态报表，是根据“资产＝负债＋所有者权益”这一会计平衡公式，按照一定的分类标准和顺序，把企业在某一特定日期的资产、负债、所有者权益等项目予以适当排列，集中反映企业在特定日期所拥有或控制的经济资源及其分布情况，以及所承担的经济义务和所有者权益总额及其结构的财务报表。

6.2.2 资产负债表的作用

资产负债表主要提供有关企业财务状况方面的信息，即某一特定日期企业的资产、负债、所有者权益及其相互关系。资产负债表的作用体现在以下几个方面。

1）资产负债表可以提供某一日期的资产总额及其结构，表明企业拥有或控制的资源及其分布情况。

2）资产负债表可以提供某一日期的负债总额及其结构，表明企业未来需要用多少资产或劳务清偿债务及清偿时间。

3）资产负债表可以反映企业所有者拥有的权益，据以判断资本保值、增值的情况，以及对负债的保障程度。

6.2.3 资产负债表的结构

我国企业的资产负债表应采用账户式结构。账户式资产负债表分为左右两方，左方为资产项目，按资产的流动性大小排列；右方为负债及所有者权益项目，其中负债项目按偿还的先后顺序排列，所有者权益项目按其永续性递减顺序排列。

账户式资产负债表中的资产各项目的合计数等于负债及所有者权益各项目的合计数，即资产负债表的左方和右方平衡，反映了资产、负债、所有者权益之间的内在平衡关系。

6.2.4 资产负债表的编制

资产负债表各项目均需填列“上年年末余额”和“期末余额”两栏。其中，“上年年末余额”栏内各项目数字，应根据上年年末资产负债表的“期末余额”栏内所列数字填列。如果企业上年度资产负债表规定的项目名称和内容与本年度不一致，应当对上年年末资产负债表相关项目的名称和数字按照本年度的规定进行调整，填入“上年年末余额”栏。

“期末余额”栏数字的填列，应根据各项目的不同性质分别采用不同的方法来填列。

1. 根据总分类账户期末余额直接填列

1）资产项目包括“以公允价值计量且其变动计入当期损益的金融资产”“商誉”等项目。

2）负债项目包括“短期借款”“应付票据”“应付职工薪酬”“应交税费”等项目。

3）所有者权益项目包括“实收资本（或股本）”“资本公积”“盈余公积”等项目。

2. 根据总分类账户期末余额计算填列

1）“货币资金”项目＝“库存现金”（借方）＋“银行存款”（借方）＋“其他货币资金”（借方）。

2）“存货”项目＝“在途物资”（或“材料采购”）（借方）＋［“原材料”（借方）±“材料成本差异”（借方或贷方）］＋“周转材料”（借方）＋［“库存商品”（借方）－“商品进销差价”（贷方）］＋“发出商品”（借方）＋“生产成本”（借方）＋“委托加工物资”（借方）－“存货跌价准备”（贷方）。

3）“其他应付款”项目＝“应付股利”（贷方）＋“应付利息”（贷方）＋“其他应付款”（贷方）。

4）“未分配利润”项目分两种情况填列。

① 年末：“未分配利润”项目＝“利润分配——未分配利润”（贷方）（若为借方余额，则以负数表示）。

② 1～11 月：“未分配利润”项目＝“利润分配——未分配利润”（贷方）＋“本年利润”（贷方）（若为借方余额，则以负数表示）。

3. 根据总分类账户期末余额和明细分类账户期末余额分析计算填列

1）“以摊余成本计量的金融资产”项目＝“债权投资”（借方）－一年内到期的“债权投资”（记入“一年内到期的非流动资产”项目）。

2）“长期待摊费用”项目＝“长期待摊费用”（借方）－将于一年内摊销完的“长期待摊费用”（记入“一年内到期的非流动资产”项目）。

3）“长期应收款”项目＝“长期应收款”（借方）－“未确认融资收益”（贷方）－将于一年内收回的“长期应收款”（记入“一年内到期的非流动资产”项目）。

4）“长期借款”项目＝“长期借款”（贷方）－一年内到期的“长期借款”（记入“一年内到期的非流动负债”项目）。

5）“应付债券”项目＝“应付债券”（贷方）－一年内到期的“应付债券”（记入“一年内到期的非流动负债”项目）。

6）“长期应付款”项目＝［“长期应付款”（贷方）－“未确认融资费用”（借方）］＋“专项应付款”（贷方）－将于一年内偿付的“长期应付款”（记入“一年内到期的非流动负债”项目）。

4. 根据有关资产账户期末余额与其备抵账户期末余额计算填列

1）“固定资产”项目＝［“固定资产”（借方）－“累计折旧”（贷方）－“固定资产减值准备”（贷方）］＋“固定资产清理”（借方）。

2）“无形资产”项目＝“无形资产”（借方）－“累计摊销”（贷方）－“无形资产减值准备”（贷方）。

3）“长期股权投资”项目＝“长期股权投资”（借方）－“长期股权投资减值准备”（贷方）。

4）“在建工程”项目＝［“在建工程”（借方）－“在建工程减值准备”（贷方）］＋［“工程物资”（借方）－“工程物资减值准备”（贷方）］。

5）“其他应收款”项目＝“应收股利”（借方）＋“应收利息”（借方）＋“其他应收款”（借方）－已计提的“坏账准备”（贷方）。

6）“应收票据”项目＝“应收票据”（借方）－已计提的“坏账准备”（贷方）。

5. 根据有关明细分类账户期末余额计算填列

1）“应收账款”项目＝“应收账款”明细账户（借方）＋“预收账款”明细账户（借方）－已计提的“坏账准备”（贷方）。

2）“预付款项”项目＝“预付账款”明细账户（借方）＋“应付账款”明细账户（借方）。

3）“应付账款”项目＝“应付账款”明细账户（贷方）＋“预付账款”明细账户（贷方）。

4）“预收款项”项目＝“应收账款”明细账户（贷方）＋“预收账款”明细账户（贷方）。

5）“开发支出”项目＝“研发支出——资本化支出”明细账户的期末余额。

【例 6-1】新光公司 2019 年 9 月 30 日总分类账户期末余额见表 6-1，相关明细分类账户期末余额见表 6-2。

表 6-1　总分类账户期末余额

2019 年 9 月 30 日　　　　单位：元

账户名称	借方余额	账户名称	贷方余额
库存现金	24 000.00	短期借款	161 600.00
银行存款	702 028.00	应付账款	407 600.00
其他货币资金	114 600.00	应付票据	200 000.00
交易性金融资产	83 000.00	预收款项	100 000.00
应收票据	132 000.00	应付股利	64 432.00
应收账款	490 000.00	应付职工薪酬	30 000.00
预付款项	100 000.00	应交税费	53 462.00
其他应收款	14 562.00	其他应付款	20 000.00
在途物资	47 623.00	坏账准备	2 500.00
原材料	286 000.00	累计折旧	347 500.00
周转材料	29 600.00	累计摊销	80 000.00
库存商品	472 000.00	长期借款	2 320 000.00
长期股权投资	80 000.00	实收资本	1 500 000.00
固定资产	4 262 000.00	资本公积	1 280 000.00
在建工程	556 000.00	盈余公积	750 292.00
工程物资	160 000.00	利润分配	436 027.00
无形资产	200 000.00		
合计	7 753 413.00	合计	7 753 413.00

表 6-2　相关明细分类账户期末余额

2019 年 9 月 30 日　　　　单位：元

账户名称	借或贷	余额	账户名称	借或贷	余额
应收账款	借	490 000.00	应付账款	贷	407 600.00
——新华公司	贷	10 000.00	——西丽公司	贷	210 000.00
——河滨公司	借	300 000.00	——东环公司	借	10 000.00
——怡景公司	借	200 000.00	——梅江公司	贷	207 600.00
预收款项	贷	100 000.00	预付款项	借	100 000.00
——明光公司	贷	100 000.00	——芳村公司	借	100 000.00

根据表 6-1 和表 6-2 的资料，编制新光公司 2019 年 9 月 30 日资产负债表。

1）资产负债表“期末余额”栏部分数据计算。

① 货币资金＝24 000.00＋702 028.00＋114 600.00＝840 628.00（元）。

② 应收账款＝（300 000.00＋200 000.00）＋0－2 500.00＝497 500.00（元）。

③ 预收款项＝10 000.00＋100 000.00＝110 000.00（元）。

④ 其他应收款＝0＋0＋14 562.00＝14 562.00（元）。

⑤ 存货＝47 623.00＋286 000.00＋29 600.00＋472 000.00＝835 223.00（元）。

⑥ 固定资产＝4 262 000.00－347 500.00＝3 914 500.00（元）。

⑦ 在建工程＝556 000.00＋160 000.00＝716 000.00（元）。

⑧ 无形资产＝200 000.00－80 000.00＝120 000.00（元）。

⑨ 应付账款＝（210 000.00＋207 600.00）＋0＝417 600.00（元）。

⑩ 预付款项＝100 000.00＋10 000.00＝110 000.00（元）。

⑪ 其他应付款＝64 432.00＋0＋20 000.00＝84 432.00（元）。

⑫ 未分配利润＝436 027.00（元）。

2）资产负债表的编制，见表6-3。

表6-3 资产负债表

会企01表

编制单位：广东新光家居有限公司　　2019年9月30日　　单位：元

资产	期末余额	上年年末余额	负债和所有者权益（或股东权益）	期末余额	上年年末余额
流动资产：			流动负债：		
货币资金	840 628.00		短期借款	161 600.00	
以公允价值计量且其变动计入当期损益的金融资产	83 000.00		以公允价值计量且其变动计入当期损益的金融负债		
应收票据	132 000.00		应付票据	200 000.00	
应收账款	497 500.00		应付账款	417 600.00	
预付款项	110 000.00		预收款项	110 000.00	
其他应收款	14 562.00		应付职工薪酬	30 000.00	
存货	835 223.00		应交税费	53 462.00	
一年内到期的非流动资产			其他应付款	84 432.00	
其他流动资产			一年内到期的非流动负债		
			其他流动负债		
流动资产合计	2 512 913.00		流动负债合计	1 057 094.00	
非流动资产：			非流动负债：		
以摊余成本计量的金融资产			长期借款	2 320 000.00	
以公允价值计量且其变动计入其他综合收益的金融资产			应付债券		
长期应收款			长期应付款		
长期股权投资	80 000.00		预计负债		
投资性房地产			递延收益		
固定资产	3 914 500.00		递延所得税负债		
在建工程	716 000.00		其他非流动负债		
生产性生物资产			非流动负债合计	2 320 000.00	
无形资产	120 000.00		负债合计	3 377 094.00	
开发支出			所有者（或股东权益）权益：		
商誉			实收资本（或股本）	1 500 000.00	
长期待摊费用			资本公积	1 280 000.00	
递延所得税资产			其他综合收益		
其他非流动资产			盈余公积	750 292.00	
			未分配利润	436 027.00	
非流动资产合计	4 830 500.00		所有者权益（或股东权益）合计	3 966 319.00	
资产总计	7 343 413.00		负债和所有者权益（或股东权益）总计	7 343 413.00	

企业盖章：　　单位负责人：郑裕欣　　财务负责人：陈健平　　制表：杨东梅

广东新光家居有限公司 440103256268024

6.3　编制利润表

6.3.1　利润表的概念

利润表属于动态报表，它主要依据会计的收入实现原则和配比原则编制，即把一定时期的营业收入与同一会计期间的相关成本、费用进行配比，以计算确定企业一定时期实现的净利润或发生的净亏损，它反映了“收入－费用＝利润”的会计平衡公式。

6.3.2　利润表的作用

利润表能够充分反映企业经营业绩的主要来源和构成，有助于使用者判断净利润的质量及其风险，有助于使用者预测净利润的持续性，从而做出正确的决策。利润表的作用体现在以下几个方面。

1）利润表可以反映企业一定会计期间收入的实现情况，如实现的营业收入有多少、投资收益有多少、营业外收入有多少等。

2）利润表可以反映企业一定会计期间的费用耗费情况，如耗费的营业成本有多少，税金及附加有多少，销售费用、管理费用、财务费用各有多少，营业外支出有多少等。

3）利润表可以反映企业生产经营活动的成果，即净利润的实现情况，据以判断资本保值、增值等情况。

6.3.3　利润表的结构

我国企业的利润表应采用多步式结构。多步式利润表将不同性质的收入和费用类别进行对比，按利润形成的主要环节列示一些中间性利润指标，如营业利润、利润总额和净利润，再分步计算当期的净利润。具体分为以下 3 个步骤。

1）以营业收入为基础，减去营业成本、税金及附加、销售费用、管理费用（不含研发费用）、研发费用、财务费用、资产减值损失、信用减值损失，加上公允价值变动收益（减去公允价值变动损失）、其他收益、投资收益（减去投资损失）和资产处置损益，计算出营业利润。

2）以营业利润为基础，加上营业外收入，减去营业外支出，计算出利润总额。

3）以利润总额为基础，减去所得税费用，计算出净利润（或净亏损）。

6.3.4　利润表的编制

利润表各项目均需填列“上期金额”和“本期金额”两栏。

1.“上期金额”栏填列

“上期金额”栏应根据上年该期利润表“本期金额”栏内所列数字填列。如果上年该期利润表规定的各个项目的名称和内容同本期不相一致，应对上年该期利润表各项目的名称和数字按本期的规定进行调整，填入“上期金额”栏。

2.“本期金额”栏填列

“本期金额”栏，除“基本每股收益”和“稀释每股收益”项目外，主要依据各损益类账户的本期发生额分析计算填列。

1）各收入类项目应根据相应的收入类账户的本期贷方发生额（减去本期借方发生额）分析计算填列。其中，“营业收入”项目应根据“主营业务收入”和“其他业务收入”账户的本期发生额分析计算填列。

2）各成本、费用、支出类项目，应根据相应的成本、费用、支出类账户的本期借方发生额（减去本期贷方发生额）分析计算填列。其中，“营业成本”项目应根据“主营业务成本”和“其他业务成本”账户的本期发生额分析计算填列。

3）“营业利润”“利润总额”“净利润”项目，应根据利润表中相关项目计算填列。

【例 6-2】新光公司 2019 年 9 月有关损益类账户发生额见表 6-4，该公司适用企业所得税税率为 25%。

表 6-4　损益类账户发生额

2019 年 9 月　　单位：元

收入类账户	借方发生额	贷方发生额	费用类账户	借方发生额	贷方发生额
主营业务收入		691 400.00	主营业务成本	485 100.00	
其他业务收入		7 500.00	其他业务成本	6 250.00	
投资收益	1 000.00	1 000.00	税金及附加	3 990.00	
营业外收入		10 000.00	销售费用	10 000.00	
			管理费用	23 340.00	
			其中：研发费用	6 000.00	
			财务费用	800.00	
			其中：利息收入	600.00	
			利息支出	1 400.00	
			营业外支出	10 000.00	
合计		709 900	合计	539 480.00	

根据表 6-4 的资料，编制新光公司 2019 年 9 月的利润表。

1）利润表本期金额栏部分数据计算。

① 营业收入＝691 400.00＋7 500.00＝698 900.00（元）。

② 营业成本＝485 100.00＋6 250.00＝491 350.00（元）。

③ 管理费用（不含研发费用）的余额＝23 340.00－6 000.00＝17 340.00（元）。

④ 企业所得税＝168 420.00×25%＝42 105.00（元）。

⑤ 净利润＝168 420.00－42 105.00＝126 315.00（元）。

2）利润表的编制，见表6-5。

表6-5　利润表

会企02表

编制单位：广东新光家居有限公司　　2019年9月　　单位：元

项目	本期金额	上期金额
一、营业收入	698 900.00	
减：营业成本	491 350.00	
税金及附加	3 990.00	
销售费用	10 000.00	
管理费用	17 340.00	
研发费用	6 000.00	
财务费用	800.00	
其中：利息费用	1 400.00	
利息收入	600.00	
资产减值损失		
信用减值损失		
加：其他收益		
投资收益（损失以“－”号填列）	－1 000.00	
公允价值变动收益（损失以“－”号填列）		
资产处置收益（损失以“－”号填列）		
二、营业利润（亏损以“－”号填列）	168 420.00	
加：营业外收入	10 000.00	
减：营业外支出	10 000.00	
三、利润总额（亏损总额以“－”号填列）	168 420.00	
减：所得税费用	42 105.00	
四、净利润（净亏损以“－”号填列）	126 315.00	
（一）持续经营净利润（净亏损以“－”号填列）	126 315.00	
（二）终止经营净利润（净亏损以“－”号填列）		
五、其他综合收益的税后净额		
（一）不能重分类进损益的其他综合收益		
（二）将重分类进损益的其他综合收益		
六、综合收益总额		
七、每股收益		
（一）基本每股收益		
（二）稀释每股收益		

企业盖章：　　单位负责人：郑裕欣　　财务负责人：陈健平　　制表：杨东梅

知识拓展6-2

企业财务报表之间的勾稽关系

1）年度资产负债表中的“未分配利润”项目的“期末余额”，与利润分配表中的年末“未分配利润”数额应相等。

2）月度利润表中的“净利润”项目的“本年累计数”，与月度资产负债表中的“未分配利润”项目的“上年年末余额”的加总之和，应等于月度资产负债表中的“未分配利润”

项目的“期末余额”。

3）利润分配表中的“净利润”的数额，应与年度利润表中“净利润”项目的“本年累计数”一致。

6.4 编制现金流量表

6.4.1 现金流量表的概念及构成

现金流量表属于动态报表，它是按照收付实现制原则编制的，它将企业权责发生制下的经济业务调整为收付实现制下的现金流量信息。

现金流量表以现金和现金等价物为编制基础。现金是指企业库存现金及可以随时用于支付的存款，包括库存现金、银行存款和其他货币资金。不能随时用于支付的存款不属于现金，如银行冻结存款。现金等价物是企业持有的期限短、流动性强、易于转换为已知金额现金、价值变动风险很小的投资。现金等价物通常包括 3 个月内到期的短期债券投资等，权益性投资变现的金额通常不确定，因此不属于现金等价物。现金流量表将现金和现金等价物视为一个整体进行列示，企业现金（含现金等价物，下同）内部各项之间的增减变动，不产生现金流量，如企业从银行提取库存现金、将库存现金送存银行、用现金购买 3 个月内到期的债券等。

根据企业业务活动的性质，现金流量表将企业一定期间的现金流量分为 3 类。

1. 经营活动产生的现金流量

经营活动是指企业投资活动和筹资活动以外的所有交易和事项。经营活动产生的现金流量主要包括销售商品、提供劳务、购买商品、接受劳务、支付职工薪酬、缴纳税款、税费返还等流入和流出的现金。

2. 投资活动产生的现金流量

投资活动是指企业长期资产的购建和不包括现金等价物在内的投资及其处置活动。投资活动产生的现金流量主要包括购建固定资产等长期资产、处置子公司及其他营业单位、收到投资收益等流入和流出的现金。

3. 筹资活动产生的现金流量

筹资活动是指导致企业资本及债务规模和构成发生变化的活动。筹资活动的现金流量主要包括吸收投资、发行股票、分配利润、发行债券、取得借款、偿还债务、偿付利息等流入和流出的现金。一般情况下，应付账款、应付票据等商业应付款属于经营活动，不属于筹资活动。

6.4.2 现金流量表的作用

现金流量表能够充分反映企业当期的现金流入、流出及净流量的会计信息，有助于使

用者了解与评价企业获取现金和现金等价物的能力，预测企业未来现金流量，为其决策提供有力依据。现金流量表的作用体现在以下几个方面。

1）现金流量表可以反映企业当期获取现金的主要来源，如经营活动获取多少现金、投资活动获取多少现金、筹资活动获取多少现金等。

2）现金流量表可以反映企业当期现金的使用去向，如购买商品支付多少现金、接受劳务支付多少现金、给职工及为职工支付多少现金、缴纳税费支付多少现金、购建长期资产支付多少现金等。

3）现金流量表可以反映企业当期现金及现金等价物的净增加额，同时可以与资产负债表的“货币资金”的数额进行核对，实现对资产负债表资料的验证和补充。

6.4.3 现金流量表的结构

我国企业的现金流量表应采用报告式结构。报告式现金流量表由主表和补充资料两部分组成，主表主要列报经营活动的现金流量、投资活动的现金流量和筹资活动的现金流量，最后汇总反映企业现金及现金等价物的净增加额；补充资料是对主表的说明，主要列报将净利润调整为经营活动的现金流量、不涉及现金收支的重大投资和筹资活动，以及现金及现金等价物净变动情况。

6.4.4 现金流量表的编制

企业应当采用直接法编制现金流量表的主表，采用间接法来编制补充资料。直接法是指通过现金收入和现金支出的主要类别列示各类现金流量，一般以利润表中的营业收入为起点，调整有关项目的增减变动，计算现金流量。采用直接法填列现金流量表，具体可以采用工作底稿法、T形账户法或根据有关账户记录分析填列。间接法是指以净利润为起点，调整为以收付实现制为基础的经营活动产生的现金流量净额。

现金流量表各项目均需填列“本期金额”和“上期金额”两栏。其中，“上期金额”栏应根据上年该期现金流量表中“本期金额”栏内所列数字填列。如果上年该期现金流量表规定的各个项目的名称和内容同本期不相一致，应对上年该期现金流量表各项目的名称和数字按本期的规定进行调整，填入“上期金额”栏。“本期金额”栏可以直接根据资产负债表、利润表和有关账户明细分类账的记录，分析计算填列。

1. 经营活动产生的现金流量有关项目的计算

1）销售商品、提供劳务收到的现金＝本期销售商品、提供劳务收到的现金＋前期销售商品、提供劳务收到的现金＋本期预收的款项－本期退回的商品支付的现金。

2）收到的税费返还＝收到返还的增值税＋收到返还的所得税＋收到返还的消费税＋收到返还的关税＋收到的教育费附加返还款等。

3）收到其他与经营活动有关的现金＝罚款收入＋经营租赁收到的现金＋个人的赔款＋政府补助收入（除税费返还外）等。

4）购买商品、接受劳务支付的现金＝本期购买商品、接受劳务支付的现金＋本期支付的前期购买商品、接受劳务的款项＋本期预付的款项－本期发生的购货退回收到的现金。

5）支付给职工以及为职工支付的现金＝支付给职工的工资＋支付给职工的奖金＋支付给职工的津贴、补贴＋支付给职工的社会保险基金等（不包括在建工程人员）。

6）支付的各项税费＝本期发生并支付的税费＋本期支付前期发生的税费＋本期预缴的税费。

7）支付其他与经营活动有关的现金＝罚款支出＋支付的差旅费＋支付的业务招待费＋支付的保险费＋经营租赁支付的现金等。

2. 投资活动产生的现金流量有关项目的计算

1）收回投资收到的现金＝本期出售、转让或到期收回的以公允价值计量且其变动计入当期损益的金融资产（现金等价物除外）收到的现金＋本期出售、转让或到期收回的以摊余成本计量的金融资产（以公允价值计量且其变动计入其他综合收益的金融资产、长期股权投资、投资性房地产）收到的现金。

2）取得投资收益收到的现金＝股权性投资分得的现金股利＋从子公司、联营企业或合营企业分回的利润＋债权投资取得的现金利息收入。

3）处置固定资产、无形资产和其他长期资产收回的现金净额＝企业出售或报废固定资产、无形资产和其他长期资产取得的现金＋保险赔偿收入－处置资产而支付的有关费用。

4）处置子公司及其他营业单位收到的现金净额＝处置子公司及其他营业单位所得的现金－子公司或其他营业单位持有的现金和现金等价物－处置子公司及其他营业单位支付的费用。

5）购建固定资产、无形资产和其他长期资产支付的现金＝购买固定资产支付的现金＋建造工程支付的现金＋支付在建工程人员的工资等现金＋取得无形资产和其他长期资产支付的现金（含增值税税款）。

6）投资支付的现金＝取得以公允价值计量且其变动计入当期损益的金融资产（现金等价物除外）支付的现金＋取得以摊余成本计量的金融资产（以公允价值计量且其变动计入其他综合收益的金融资产、长期股权投资、投资性房地产）支付的现金＋取得投资中支付的佣金、手续费等交易费用。

7）取得子公司及其他营业单位支付的现金净额＝取得子公司及其他营业单位购买价中以现金支付的部分－子公司及其他营业单位持有的现金和现金等价物。

3. 筹资活动产生的现金流量有关项目的计算

1）吸收投资收到的现金＝发行股票、债券取得的发行收入－发行股票、债券支付的佣金等发行费用。

2）取得借款收到的现金＝取得短期借款收到的现金＋取得长期借款收到的现金。

3）偿还债务支付的现金＝归还金融机构的借款本金＋偿还到期企业债券本金。

4）分配股利、利润或偿付利息支付的现金＝本期实际支付的现金股利＋本期支付给其他投资单位的利润＋本期支付的借款利息＋本期支付的债券利息。

5）支付其他与筹资活动有关的现金＝以发行股票、债券等方式筹集资金而直接支付的审计、咨询等费用＋融资租赁所支付的现金＋以分期付款方式购建固定资产支付的现金等。

4. 汇率变动对现金及现金等价物的影响的计算

汇率变动对现金及现金等价物的影响＝企业外币现金流量采用现金流量发生日的汇率或按照系统合理的方法确定的，与现金流量发生日即期汇率近似的汇率折算的金额－企业外币现金及现金等价物净增加额采用资产负债表日的即期汇率折算的金额。

本章小结

财务报表是指企业对外提供的反映企业某一特定日期的财务状况和某一会计期间的经营成果、现金流量的报表文件。企业编制财务报表时，必须做到内容完整、数字真实、计算准确和编报及时。

财务报表的种类包括：①按编报时间，可分为月报、季报、半年报和年报；②按反映的经济内容，可分为资产负债表、利润表和现金流量表；③按反映的财务活动方式，可分为静态报表和动态报表；④按编制范围，可分为个别财务报表和合并财务报表。

资产负债表是反映企业某一特定日期财务状况的财务报表。资产负债表是企业主要财务报表之一，它属于静态报表，是根据“资产＝负债＋所有者权益”这一会计平衡公式，按照一定的分类标准和顺序，把企业在某一特定日期的资产、负债、所有者权益等项目予以适当排列，集中反映企业在特定日期所拥有或控制的经济资源及其分布情况，以及所承担的经济义务和所有者权益总额及其结构的财务报表。

我国企业的资产负债表应采用账户式结构。账户式资产负债表分为左右两方，左方为资产项目，按资产的流动性大小排列；右方为负债及所有者权益项目，其中负债项目按偿还的先后顺序排列，所有者权益项目按其永续性递减顺序排列。账户式资产负债表中的资产各项目的合计数等于负债及所有者权益各项目的合计数。

资产负债表各项目均需填列“上年年末余额”和“期末余额”两栏。其中“上年年末余额”栏内各项目数字，应根据上年年末资产负债表的“期末余额”栏内所列数字填列。“期末余额”栏数字的填列，应根据各项目的不同性质分别采用不同的方法来填列。

利润表是反映企业在一定会计期间经营成果的财务报表。利润表属于动态报表，它主要依据会计的收入实现原则和配比原则编制，即把一定时期的营业收入与同一会计期间的相关成本、费用进行配比，以计算确定企业一定时期实现的净利润或发生的净亏损，它反映了“收入－费用＝利润”的会计平衡公式。

我国企业的利润表应采用多步式结构。多步式利润表将不同性质的收入和费用类别进行对比，按利润形成的主要环节列示一些中间性利润指标，如营业利润、利润总额和净利润，再分步计算当期的净利润。

利润表各项目均需填列“本期金额”和“上期金额”两栏。“上期金额”栏应根据上年该期利润表“本期金额”栏内所列数字填列。“本期金额”栏，除“基本每股收益”和“稀释每股收益”项目外，主要依据各损益类账户的本期发生额分析计算填列。

现金流量表是反映企业在一定会计期间现金、现金等价物流入和流出的财务报表。现金流量表属于动态报表，是按照收付实现制原则编制的，它将企业权责发生制下的经济业务调整为收付实现制下的现金流量信息。现金流量表以现金和现金等价物为编制基础。

我国企业的现金流量表应采用报告式结构。企业应当采用直接法编制现金流量表的主表，采用间接法来编制补充资料。直接法是指通过现金收入和现金支出的主要类别列示各类现金流量，一般以利润表中的营业收入为起点，调整有关项目的增减变动，计算现金流量。采用直接法填列现金流量表，具体可以采用工作底稿法、T 形账户法或根据有关账户记录分析填列。间接法是指以净利润为起点，调整为以收付实现制为基础的经营活动产生的现金流量净额。

第7章 认知会计核算程序与要求

学习目标

1. 能够叙述会计核算程序的概念和种类。
2. 能够掌握记账凭证核算程序。
3. 能够理解汇总记账凭证核算程序。
4. 能够掌握科目汇总表核算程序。
5. 能够理解会计核算的要求。

学习要点

1. 记账凭证核算程序。
2. 科目汇总表核算程序。
3. 会计核算的要求。

7.1 认知会计核算程序

7.1.1 会计核算程序的概念

会计核算程序也称账务处理程序或会计核算形式，是指在会计核算过程中，把会计凭证、会计账簿、财务报表与记账方法有机结合起来的组织方式和步骤。

知识拓展 7-1

建立科学合理的会计核算程序的意义

建立科学合理的会计核算程序，对保证准确、及时地提供系统而完整的会计信息具有重要意义，具体表现为以下几个方面。

1）有利于规范会计核算工作。建立科学合理的会计核算程序，可形成规范的会计核算工作秩序，会计人员在进行会计核算时能做到有序可循，按照不同的责任分工，有条不紊地处理好各环节会计核算工作。

2）有利于保证会计核算的工作质量。建立科学合理的会计核算程序，可形成加工和整理会计信息的正常机制，从而保障会计核算工作的质量，进而保证会计信息质量。

3）有利于提高会计核算的工作效率。按照既定的会计核算程序进行会计信息处理，可大大提高会计核算的工作效率，保证会计信息整理、加工和对外报告的顺利进行。

4）有利于降低会计核算的工作成本。会计核算程序科学合理，选用的会计凭证、会计账簿和会计报表种类适当、数量适中，在一定程度上能够节约会计核算的支出，降低会计核算的工作成本。

5）有利于发挥会计核算工作的作用。建立科学合理的会计核算程序，保证了会计核算的工作质量，提高了会计核算的工作效率和会计信息质量，从而能够在为会计信息使用者进行经济决策时提供有用信息方面更好地发挥会计核算工作的作用。

7.1.2 会计核算程序的种类

目前，常用的会计核算程序有记账凭证核算程序、汇总记账凭证核算程序和科目汇总表核算程序3种。

1. 记账凭证核算程序

（1）记账凭证核算程序的概念

记账凭证核算程序是指根据经济业务发生以后所填制的记账凭证直接逐笔登记总分类账，并定期编制财务报表的会计核算程序。记账凭证核算程序是最基本的会计核算程序，其他会计核算程序都是在此基础上发展演变形成的。

（2）记账凭证核算程序的核算步骤

在记账凭证核算程序下，企业直接根据记账凭证逐日逐笔登记总分类账，其核算大体经过以下6个步骤，如图7-1所示。

1）根据原始凭证或原始凭证汇总表填制记账凭证。

2）根据收款凭证、付款凭证登记库存现金日记账和银行存款日记账。

3）根据收款凭证、付款凭证和转账凭证并参考原始凭证登记明细分类账。

4）根据记账凭证逐笔登记总分类账。

5）日记账和明细分类账分别与有关总分类账相核对。

6）根据总分类账和明细分类账中有关资料编制财务报表。

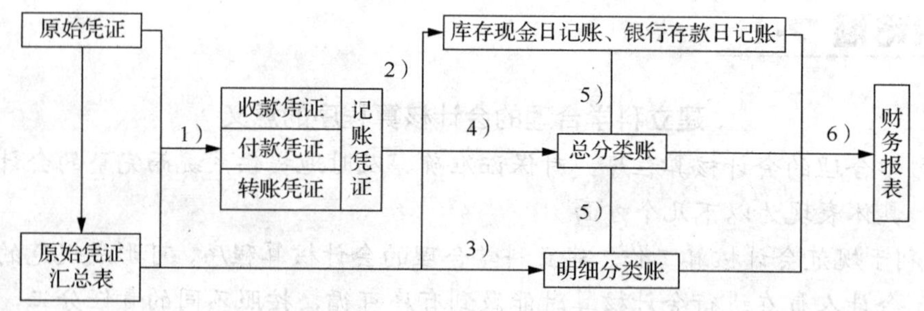

图7-1 记账凭证核算程序

（3）记账凭证核算程序的适用范围

记账凭证核算程序一般适用于规模较小、经济业务量不多的企业。

知识拓展 7-2

记账凭证核算程序的优缺点

1. 记账凭证核算程序的优点

1）在记账凭证上，能够清晰地反映账户之间的对应关系。

2）在总分类账上，能够比较详细地反映经济业务的发生情况。

3）总分类账登记方法简单，易于掌握。

2. 记账凭证核算程序的缺点

1）总分类账登记的工作量大，尤其是经济业务量比较多时。

2）总分类账账页耗用多，预留账页的多少难以把握。

【例 7-1】 新光公司 2019 年 10 月 1 日银行存款账户余额为 820 000 元。10 月发生银行存款相关业务如下，试采用记账凭证核算程序登记该公司 10 月银行存款日记账和总分类账。

1）10 月 9 日，向梅江公司电汇 30 000 元，结清前欠货款。

2）10 月 16 日，收到开户银行转来的收账通知书，收到怡景公司货款 50 000 元。

3）10 月 20 日，向西丽公司购买油漆一批，货款 50 000 元，以银行存款支付，油漆已验收入库。

4）10 月 26 日，向新华公司销售餐桌一批，货款 60 000 元已收到。

新光公司账务处理如下。

1）编制会计分录与记账凭证，如图 7-2～图 7-5 所示。

① 借：应付账款——梅江公司　　30 000.00

　　贷：银行存款　　30 000.00

记　账　凭　证

2019 年 10 月 9 日　　　　记字第 1 号

摘　要	总账科目	明细科目	借方金额										贷方金额										账页或√
			千	百	十	万	千	百	十	元	角	分	千	百	十	万	千	百	十	元	角	分	
支付前欠货款	应付账款	梅江公司				3	0	0	0	0	0	0											
	银行存款															3	0	0	0	0	0	0	√
附属单证　1　张		合　计			¥	3	0	0	0	0	0	0			¥	3	0	0	0	0	0	0	

会计主管：陈健平　　记账：杨东梅　　审核：谢晓霞　　制单：杨东梅

图 7-2　支付前欠货款业务记账凭证

② 借：银行存款　　50 000.00

　　贷：应收账款——怡景公司　　50 000.00

记　账　凭　证

2019 年 10 月 16 日　　记字第 2 号

摘　要	总账科目	明细科目	借方金额										贷方金额										账页或√
			千	百	十	万	千	百	十	元	角	分	千	百	十	万	千	百	十	元	角	分	
收到货款	银行存款					5	0	0	0	0	0	0											√
	应收账款	怡景公司														5	0	0	0	0	0	0	
附属单证　1　张		合　计			¥	5	0	0	0	0	0	0			¥	5	0	0	0	0	0	0	

会计主管：陈健平　　记账：杨东梅　　审核：谢晓霞　　制单：杨东梅

图 7-3　收到货款业务记账凭证

③ 借：原材料——油漆　　50 000.00

　　贷：银行存款　　50 000.00

记　账　凭　证

2019 年 10 月 20 日　　记字第 3 号

摘　要	总账科目	明细科目	借方金额										贷方金额										账页或√
			千	百	十	万	千	百	十	元	角	分	千	百	十	万	千	百	十	元	角	分	
购买油漆	原材料	油漆				5	0	0	0	0	0	0											
	银行存款															5	0	0	0	0	0	0	√
附属单证　3　张		合　计			¥	5	0	0	0	0	0	0			¥	5	0	0	0	0	0	0	

会计主管：陈健平　　记账：杨东梅　　审核：谢晓霞　　制单：杨东梅

图 7-4　购买油漆业务记账凭证

④ 借：银行存款　　60 000.00

　　贷：主营业务收入——餐桌　　60 000.00

记 账 凭 证

2019年10月26日　　　　　　　　记字第4号

摘　要	总账科目	明细科目	借方金额										贷方金额										账页或√
			千	百	十	万	千	百	十	元	角	分	千	百	十	万	千	百	十	元	角	分	
销售餐桌	银行存款					6	0	0	0	0	0	0											√
	主营业务收入	餐桌														6	0	0	0	0	0	0	
附属单证　2　张		合　计			¥	6	0	0	0	0	0	0			¥	6	0	0	0	0	0	0	

会计主管：陈健平　　　记账：杨东梅　　　审核：谢晓霞　　　制单：杨东梅

图7-5　销售餐桌业务记账凭证

2）登记银行存款日记账，如图7-6所示。

银行存款日记账

2019年		凭证号数		摘要	支票		对方科目	存入（收款）											支取（付款）											结　余											核对
月	日	收款	付款		种类	号数		亿	千	百	十	万	千	百	十	元	角	分	亿	千	百	十	万	千	百	十	元	角	分	亿	千	百	十	万	千	百	十	元	角	分	
10	1			上月结转																													8	2	0	0	0	0	0	0	
10	9		记1	支付前欠货款			应付账款																3	0	0	0	0	0	0				7	9	0	0	0	0	0	0	
10	16	记2		收到货款			应收账款					5	0	0	0	0	0	0															8	4	0	0	0	0	0	0	
10	20		记3	购买油漆			原材料																5	0	0	0	0	0	0				7	9	0	0	0	0	0	0	
10	26	记4		销售餐桌			主营业务收入					6	0	0	0	0	0	0															8	5	0	0	0	0	0	0	

图7-6　银行存款日记账

3）登记银行存款总分类账，如图7-7所示。

总分类账

会计科目：银行存款　　　　　　　　第2页

2019年		凭证		摘　要	借方金额											√	贷方金额											√	借或贷	余　额											√
月	日	字	号		亿	千	百	十	万	千	百	十	元	角	分		亿	千	百	十	万	千	百	十	元	角	分			亿	千	百	十	万	千	百	十	元	角	分	
10	1			上月结转																									借				8	2	0	0	0	0	0	0	
10	9	记	1	支付前欠货款																	3	0	0	0	0	0	0		借				7	9	0	0	0	0	0	0	
10	16	记	2	收到货款					5	0	0	0	0	0	0														借				8	4	0	0	0	0	0	0	
10	20	记	3	购买油漆																	5	0	0	0	0	0	0		借				7	9	0	0	0	0	0	0	
10	26	记	4	销售餐桌					6	0	0	0	0	0	0														借				8	5	0	0	0	0	0	0	

图7-7　“银行存款”总分类账

2. 汇总记账凭证核算程序

（1）汇总记账凭证核算程序的概念

汇总记账凭证核算程序是指根据专用记账凭证（收款凭证、付款凭证和转账凭证）定期汇总填制汇总记账凭证，然后根据汇总记账凭证登记总分类账，并定期编制财务报表的会计核算程序。

（2）汇总记账凭证核算程序的核算步骤

汇总记账凭证核算程序下，企业应定期汇总各专用记账凭证并填制汇总记账凭证，根据汇总记账凭证登记总分类账，其核算大体经过以下 7 个步骤，如图 7-8 所示。

1）根据原始凭证或原始凭证汇总表填制记账凭证。

2）根据收款凭证、付款凭证登记库存现金日记账和银行存款日记账。

3）根据收款凭证、付款凭证和转账凭证并参考原始凭证登记明细分类账。

4）根据收款凭证、付款凭证和转账凭证定期填制汇总记账凭证。

5）根据汇总记账凭证登记总分类账。

6）日记账和明细分类账分别与有关总分类账相核对。

7）根据总分类账和明细分类账中有关资料编制财务报表。

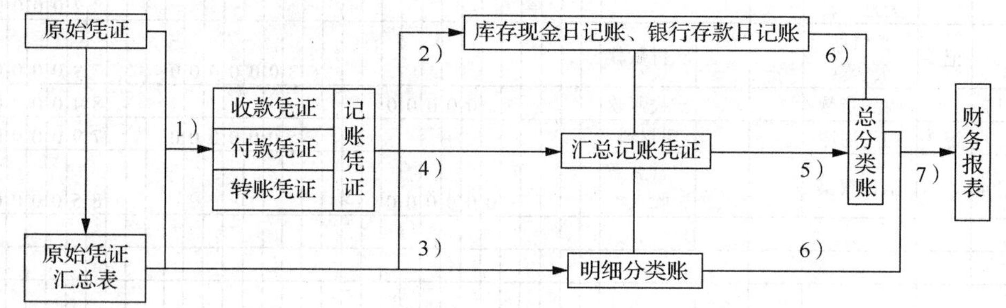

图 7-8 汇总记账凭证核算程序

（3）汇总记账凭证核算程序的适用范围

汇总记账凭证核算程序一般适用于规模较大、经济业务量和专用记账凭证比较多的企业。

知识拓展 7-3

汇总记账凭证核算程序的优缺点

1. 汇总记账凭证核算程序的优点

1）在汇总记账凭证上，能够清晰地反映账户之间的对应关系。

2）可以大大减少登记总分类账的工作量。

2. 汇总记账凭证核算程序的缺点

1）定期填制汇总记账凭证的工作量比较大。

2）汇总过程中容易产生汇总错误且难以发现。

【例 7-2】承例 7-1，试采用汇总记账凭证核算程序登记新光公司 10 月银行存款日记账和总分类账。新光公司账务处理如下。

1）编制会计分录与收付款凭证，如图 7-9～图 7-12 所示。

① 借：应付账款——梅江公司　　30 000.00

　　贷：银行存款　　30 000.00

付 款 凭 证

贷方科目：银行存款　　2019 年 10 月 9 日　　付字第 1 号

摘要	借方科目		金额										账页或√
	总账科目	明细科目	千	百	十	万	千	百	十	元	角	分	
支付前欠货款	应付账款	梅江公司				3	0	0	0	0	0	0	√
附件 1 张	合计				¥	3	0	0	0	0	0	0	

会计主管：陈健平　　记账：杨东梅　　审核：谢晓霞　　制单：杨东梅

图 7-9　支付前欠货款业务付款凭证

② 借：银行存款　　50 000.00

　　贷：应收账款——怡景公司　　50 000.00

收 款 凭 证

借方科目：银行存款　　2019 年 10 月 16 日　　收字第 1 号

摘要	贷方科目		金额										账页或√
	总账科目	明细科目	千	百	十	万	千	百	十	元	角	分	
收到货款	应收账款	怡景公司				5	0	0	0	0	0	0	√
附件 1 张	合计				¥	5	0	0	0	0	0	0	

会计主管：陈健平　　记账：杨东梅　　审核：谢晓霞　　制单：杨东梅

图 7-10　收到货款业务收款凭证

③ 借：原材料——油漆　　50 000.00

　　贷：银行存款　　50 000.00

付 款 凭 证

贷方科目：银行存款　　　　2019 年 10 月 20 日　　　　付字第 2 号

摘要	借方科目		金额										账页或√
	总账科目	明细科目	千	百	十	万	千	百	十	元	角	分	
购买油漆	原材料	油漆				5	0	0	0	0	0	0	√
附件 3 张	合 计				¥	5	0	0	0	0	0	0	

会计主管：陈健平　　　　记账：杨东梅　　　　审核：谢晓霞　　　　制单：杨东梅

图 7-11　购买油漆业务付款凭证

④ 借：银行存款　　　　60 000.00

　　贷：主营业务收入——餐桌　　　　60 000.00

收 款 凭 证

借方科目：银行存款　　　　2019 年 10 月 26 日　　　　收字第 2 号

摘要	贷方科目		金额										账页或√
	总账科目	明细科目	千	百	十	万	千	百	十	元	角	分	
销售餐桌	主营业务收入	餐桌				6	0	0	0	0	0	0	√
附件 2 张	合 计				¥	6	0	0	0	0	0	0	

会计主管：陈健平　　　　记账：杨东梅　　　　审核：谢晓霞　　　　制单：杨东梅

图 7-12　销售餐桌业务收款凭证

2）填制汇总记账凭证，如图 7-13 和图 7-14 所示。

汇总收款凭证

借方账户：银行存款　　　　2019 年 10 月 31 日　　　　汇收字第 1 号

贷方账户	(1)									(2)									(3)									合计									账页或√
	百	十	万	千	百	十	元	角	分	百	十	万	千	百	十	元	角	分	百	十	万	千	百	十	元	角	分	百	十	万	千	百	十	元	角	分	
应收账款			5	0	0	0	0	0	0																					5	0	0	0	0	0	0	√
主营业务收入			6	0	0	0	0	0	0																					6	0	0	0	0	0	0	√
合计	¥	1	1	0	0	0	0	0	0																			¥	1	1	0	0	0	0	0	0	

附注：（1）自 1 日至 31 日　　　　收款凭证共计 2 张

（2）自＿＿日至＿＿日　　　　收款凭证共计＿＿张

（3）自＿＿日至＿＿日　　　　收款凭证共计＿＿张

图 7-13　汇总收款凭证

汇总付款凭证

贷方账户：银行存款　　　　2019 年 10 月 31 日　　　　汇付字第 1 号

借方账户	金额																																				账页或√
	（1）									（2）									（3）									合计									
	百	十	万	千	百	十	元	角	分	百	十	万	千	百	十	元	角	分	百	十	万	千	百	十	元	角	分	百	十	万	千	百	十	元	角	分	
应付账款			3	0	0	0	0	0	0																					3	0	0	0	0	0	0	√
原材料			5	0	0	0	0	0	0																					5	0	0	0	0	0	0	√
		¥	8	0	0	0	0	0	0																				¥	8	0	0	0	0	0	0	

附注：（1）自 1 日至 31 日　　付款凭证共计 2 张
（2）自____日至____日　　付款凭证共计____张
（3）自____日至____日　　付款凭证共计____张

图 7-14　汇总付款凭证

3）登记银行存款日记账，如图 7-15 所示。

银行存款日记账

2019 年		凭证号数		摘要	支票		对方科目	存入（收款）											支取（付款）											结余											核对
月	日	收款	付款		种类	号数		亿	千	百	十	万	千	百	十	元	角	分	亿	千	百	十	万	千	百	十	元	角	分	亿	千	百	十	万	千	百	十	元	角	分	
10	1			上月结转																													8	2	0	0	0	0	0	0	
10	9		付 1	支付前欠货款			应付账款																3	0	0	0	0	0	0				7	9	0	0	0	0	0	0	
10	16	收 1		收到货款			应收账款					5	0	0	0	0	0	0															8	4	0	0	0	0	0	0	
10	20		付 2	购买油漆			原材料																5	0	0	0	0	0	0				7	9	0	0	0	0	0	0	
10	26	收 2		销售餐桌			主营业务收入					6	0	0	0	0	0	0															8	5	0	0	0	0	0	0	

图 7-15　银行存款日记账

4）登记银行存款总分类账，见图 7-16。

总分类账

会计科目：银行存款　　　　第 2 页

2019 年		凭证		摘要	借方金额											√	贷方金额											√	借或贷	余额											√
月	日	字	号		亿	千	百	十	万	千	百	十	元	角	分		亿	千	百	十	万	千	百	十	元	角	分			亿	千	百	十	万	千	百	丨	元	角	分	
10	1			上月结转																									借				8	2	0	0	0	0	0	0	
10	31	汇收	1	据汇收字第 1 号				1	1	0	0	0	0	0	0														借				9	3	0	0	0	0	0	0	
10	31	汇付	1	据汇付字第 1 号																	8	0	0	0	0	0	0		借				8	5	0	0	0	0	0	0	

图 7-16　“银行存款”总分类账

3. 科目汇总表核算程序

（1）科目汇总表核算程序的概念

科目汇总表核算程序是指根据记账凭证定期汇总编制科目汇总表，然后根据科目汇总表登记总分类账，并定期编制财务报表的会计核算程序。

（2）科目汇总表核算程序的核算步骤

科目汇总表核算程序下，企业应定期（每 5 天、10 天或 15 天或 1 个月）汇总编制科目汇总表，根据科目汇总表登记总分类账，其核算大体经过以下 7 个步骤，如图 7-17 所示。

1）根据原始凭证或原始凭证汇总表填制记账凭证。

2）根据收款凭证、付款凭证登记库存现金日记账和银行存款日记账。

3）根据收款凭证、付款凭证和转账凭证并参考原始凭证登记明细分类账。

4）根据收款凭证、付款凭证和转账凭证定期编制科目汇总表。

5）根据科目汇总表登记总分类账。

6）日记账和明细分类账分别与有关总分类账相核对。

7）根据总分类账和明细分类账中有关资料编制财务报表。

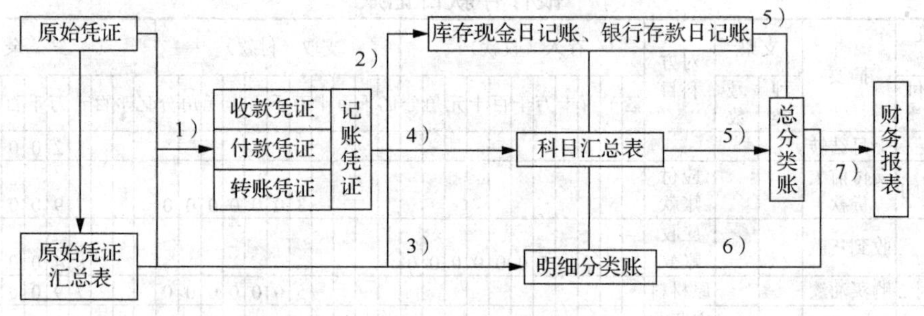

图 7-17　科目汇总表核算程序

（3）科目汇总表核算程序的适用范围

科目汇总表核算程序的账务处理程序清晰，又能够进行账户发生额的试算平衡和减轻总分类账登记的工作量，因此其适用于不论规模大小的各类企业。

知识拓展 7-4

科目汇总表核算程序的优缺点

1. 科目汇总表核算程序的优点

1）可以利用科目汇总表的汇总结果进行账户发生额的试算平衡。

2）在试算平衡的基础上进行记账，一定程度上能够保证总分类账登记的正确性。

3）可以大大减轻登记总分类账的工作量。

2. 科目汇总表核算程序的缺点

1）编制科目汇总表的工作量比较大。

2）科目汇总表不能够清晰地反映账户之间的对应关系。

【例 7-3】承例 7-1，试采用科目汇总表核算程序登记新光公司 10 月银行存款日记账和总分类账。新光公司账务处理如下。

1）编制会计分录与记账凭证（同例 7-1）。

2）编制科目汇总表，如图 7-18 所示。

科　目　汇　总　表

凭证第 1 号至第 4 号共 4 张
凭证第　号至第　号共　张
凭证第　号至第　号共　张

编号：科汇字第 1 号　　2019 年 10 月 1 日至 31 日

会计科目	本期发生额																						账页或√
	借方金额											贷方金额											
	亿	千	百	十	万	千	百	十	元	角	分	亿	千	百	十	万	千	百	十	元	角	分	
银行存款				1	1	0	0	0	0	0	0					8	0	0	0	0	0	0	√
应付账款					3	0	0	0	0	0	0												
应收账款																5	0	0	0	0	0	0	
原材料					5	0	0	0	0	0	0												
主营业务收入																6	0	0	0	0	0	0	
合计			¥	1	9	0	0	0	0	0	0			¥	1	9	0	0	0	0	0	0	

会计主管：陈健平　　记账：杨东梅　　审核：谢晓霞　　制单：杨东梅

图 7-18　科目汇总表

3）登记银行存款日记账（同例 7-1）。

4）登记“银行存款”总分类账，如图 7-19 所示。

总分类账

会计科目：银行存款　　第 2 页

2019年		凭证		摘要	借方金额											√	贷方金额											√	借或贷	余额											√
月	日	字	号		亿	千	百	十	万	千	百	十	元	角	分		亿	千	百	十	万	千	百	十	元	角	分			亿	千	百	十	万	千	百	十	元	角	分	
10	1			上月结转																									借				8	2	0	0	0	0	0	0	
10	31	科汇	1	据科汇字第 1 号				1	1	0	0	0	0	0	0						8	0	0	0	0	0	0		借				8	5	0	0	0	0	0	0	

图 7-19　“银行存款”总分类账

7.2 认知会计核算要求

会计核算要求即会计信息质量要求。《企业会计准则》规定，会计信息质量要求包括可靠性、相关性、可理解性、可比性、实质重于形式、重要性、谨慎性和及时性 8 项。

7.2.1 可靠性

可靠性也称真实性或客观性，是指会计信息要真实地反映客观存在的经济事实。可靠性要求企业应当以实际发生的交易或者事项为依据进行确认、计量和报告，如实反映符合确认和计量要求的各项会计要素及其他相关信息，保证会计信息真实可靠、内容完整。可靠性是高质量会计信息的重要基础和关键所在。

7.2.2 相关性

相关性也称有用性，是指会计信息应当与会计信息使用者的决策相关。相关性要求企业提供的会计信息应当与投资者等会计信息使用者的经济决策相关，有助于投资者等会计信息使用者对企业过去、现在或者未来的情况做出评价或者预测。

7.2.3 可理解性

可理解性也称明晰性或清晰性，是指会计信息应当能够为会计信息使用者所理解。可理解性要求企业提供的会计信息应当清晰明了，便于投资者等会计信息使用者理解和使用。只有这样才能提高会计信息的有用性，实现财务报告的目标，满足向投资者等会计信息使用者提供决策信息的要求。

7.2.4 可比性

可比性是指企业提供的会计信息应当相互可比，便于分析和比较。可比性要求企业提供的会计信息应当相互可比，表现为同一企业不同时期可比（这要求企业不同时期发生的相同或者相似的交易或者事项，应当采用一致的会计政策，即会计政策一旦选定，应保持一贯性，不得随意变更）和不同企业相同会计期间可比（这要求不同企业同一会计期间发生的相同或者相似的交易或者事项，应当采用统一的会计政策，确保会计信息口径一致、相互可比）。

7.2.5 实质重于形式

实质重于形式要求企业应当按照交易或者事项的经济实质进行会计确认、计量和报告，不能仅以交易或者事项的法律形式为依据。例如，企业按照销售合同销售商品但又签订了售后回购协议，虽然从法律上看实现了收入，但企业没有将商品所有权上的主要风险和报酬转移给购买方，没有满足收入确认的各项条件，因此不应当确认为销售收入。

7.2.6　重要性

重要性是指企业在全面反映其财务状况和经营成果的同时，应区别经济业务的重要程度，采用不同的会计处理程序和方法。重要性要求企业提供的会计信息应当反映与企业财务状况、经营成果和现金流量有关的所有重要交易或者事项。一项会计信息是否具有重要性，关键是看该会计信息的省略或者错报是否会影响投资者等使用者据此做出的决策。

7.2.7　谨慎性

谨慎性也称稳健性，是指企业在处理具有不确定性的经济业务时，应持谨慎态度。谨慎性要求企业对交易或者事项进行会计确认、计量和报告时保持应有的谨慎，充分考虑所面临的风险和不确定性，合理估计可能发生的损失和费用，既不高估企业的资产或者收益，也不低估企业的负债或者费用。

7.2.8　及时性

及时性要求企业对于已经发生的交易或者事项，应当及时进行确认、计量和报告，不得提前或者延后。企业只有及时地提供会计信息给会计信息使用者，才能有效发挥会计信息的作用。

本 章 小 结

会计核算程序也称账务处理程序或会计核算形式，是指在会计核算过程中，把会计凭证、会计账簿、财务报表与记账方法有机结合起来的组织方式和步骤。目前，常用的会计核算程序有记账凭证核算程序、汇总记账凭证核算程序和科目汇总表核算程序 3 种。

记账凭证核算程序是指根据经济业务发生以后所填制的记账凭证直接逐笔登记总分类账，并定期编制财务报表的会计核算程序。记账凭证核算程序是最基本的会计核算程序，记账凭证核算程序下，企业直接根据记账凭证逐日、逐笔登记总分类账。

汇总记账凭证核算程序是指根据专用记账凭证（收款凭证、付款凭证和转账凭证）定期汇总填制汇总记账凭证，然后根据汇总记账凭证登记总分类账，并定期编制财务报表的会计核算程序。

科目汇总表核算程序是指根据记账凭证定期汇总编制科目汇总表，然后根据科目汇总表登记总分类账，并定期编制财务报表的会计核算程序。科目汇总表核算程序下，企业应定期（每 5 天、10 天或 15 天或 1 个月）汇总编制科目汇总表。

会计核算要求即会计信息质量要求。企业会计准则规定，会计信息质量要求包括可靠性、相关性、可理解性、可比性、实质重于形式、重要性、谨慎性和及时性 8 项。

第8章 整理与保管会计资料

学习目标

1. 能够叙述会计资料的概念和内容。
2. 能够掌握会计资料的整理方法。
3. 能够理解会计资料的归档。
4. 能够理解会计资料的移交。
5. 能够掌握会计档案的保管。

学习要点

1. 会计资料的整理。
2. 会计资料的归档。
3. 会计档案的保管。

8.1 整理会计资料

8.1.1 会计资料的概念和内容

会计资料是指在会计核算过程中形成的，记录和反映实际发生的经济业务事项的资料。会计资料是记录会计核算过程和结果的载体，是反映企业财务状况、经营成果的重要依据。会计资料一般包括会计凭证、会计账簿、财务会计报告和其他会计资料，具体内容见表8-1。

表8-1 会计资料的具体内容

会计资料	具体内容
会计凭证	原始凭证、记账凭证、汇总凭证、其他会计凭证
会计账簿	总分类账、明细分类账、日记账、固定资产卡片及其他辅助性账簿
财务会计报告	月度、季度、半年度、年度财务会计报告
其他会计资料	银行存款余额调节表、银行对账单、纳税申报表、会计档案移交清册、会计档案保管清册、会计档案销毁清册、会计档案鉴定意见书及其他具有保存价值的会计资料

8.1.2 会计资料的整理方法

1. 会计凭证的整理方法

1）分类整理，按顺序排列，检查日期、编号是否齐全。

2）按凭证汇总日期归集（如上、中、下旬），确定装订成册的册数。

3）检查凭证顺序号，如有序号颠倒的要重新排列，发现有缺号的要查明原因。

4）检查记账凭证上有关人员（如财务主管、记账、复核、制单）的印章是否齐全。

5）摘除凭证内的金属物（如订书钉、大头针、回形针等）。

6）会计凭证装订成册，其步骤如图 8-1～图 8-9 所示。

① 先将要装订的会计凭证整理整齐，在凭证上、下方放置记账凭证封面和封底，用大夹子分别夹住上方和左侧，以防止凭证装订时移动。在凭证左上角 45° 线上画 2 厘米的线，并沿此线画垂直线，将垂直线三等分，将两个等分点作为打孔处，如图 8-1 所示。

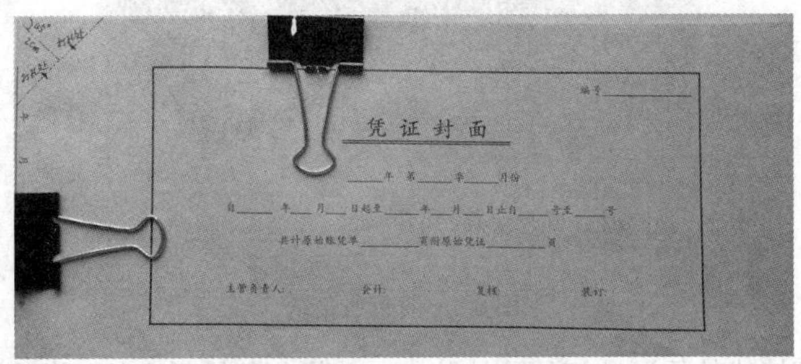

图 8-1　整理凭证并确定打孔处

② 将会计凭证放置在装订机处打孔，如图 8-2 所示。

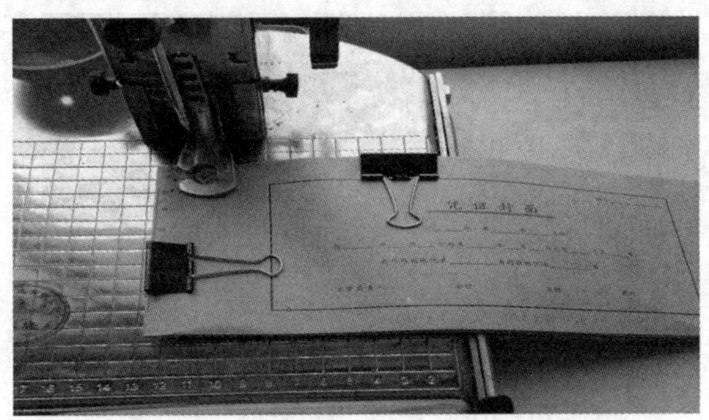

图 8-2　凭证打孔

③ 将装订棉线从下方穿过孔，拉紧，并将棉线在凭证背面打结，以固定凭证，如图 8-3 所示。

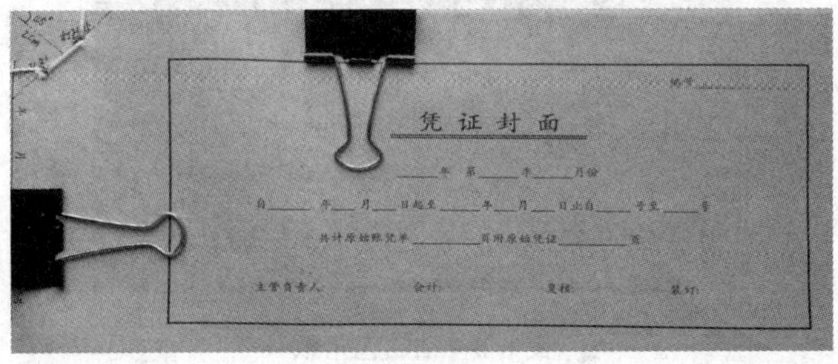

图 8-3　穿线固定凭证

④ 将正方形包角纸对折之后再对折，然后将其中一页翻开，沿对角线折成三角的形状，如图 8-4 所示。

图 8-4　对折包角纸

⑤ 在已装订棉线的凭证装订处涂抹胶水，并将包角纸折出的三角形一方沿装订线贴好，然后沿折出的对角线翻折至背面，在背面折成正方形，并用胶水粘贴好，如图 8-5～图 8-8 所示。

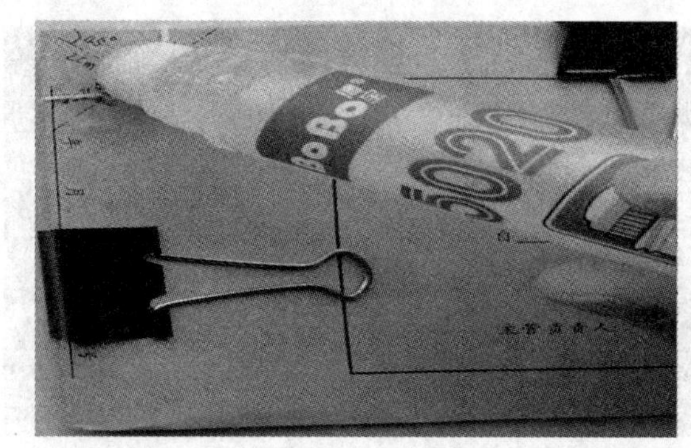

图 8-5　在凭证装订处涂抹胶水

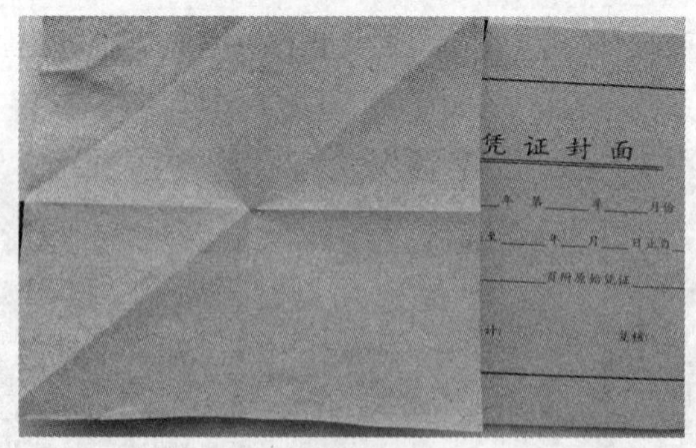

图 8-6　粘贴包角纸

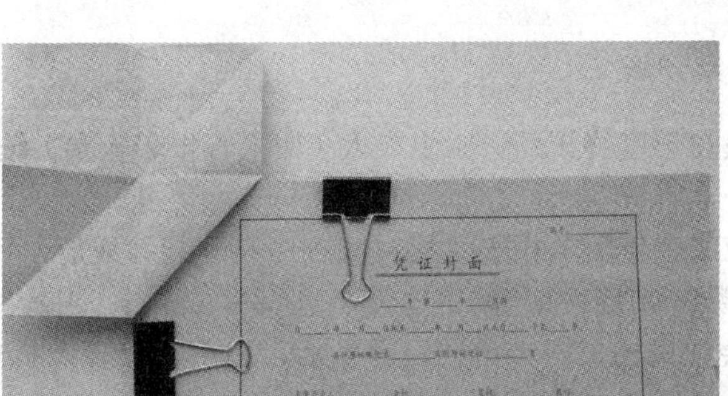

图 8-7　翻折包角纸

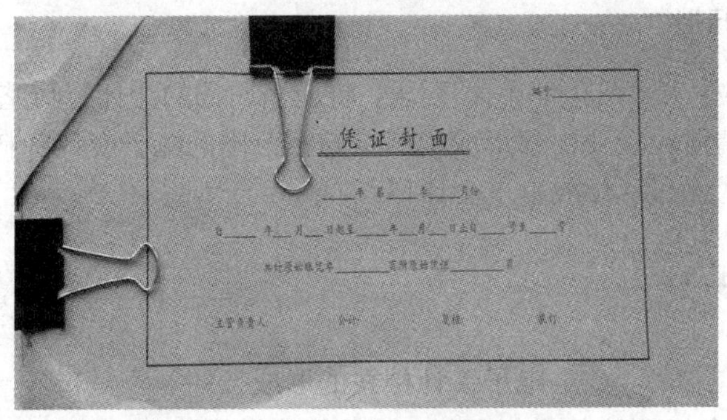

图 8-8　折叠包角纸

⑥ 检查装订好的记账凭证，无误后，将大夹子取下来，填写凭证封面相关内容，则凭证装订完成，如图 8-9 所示。

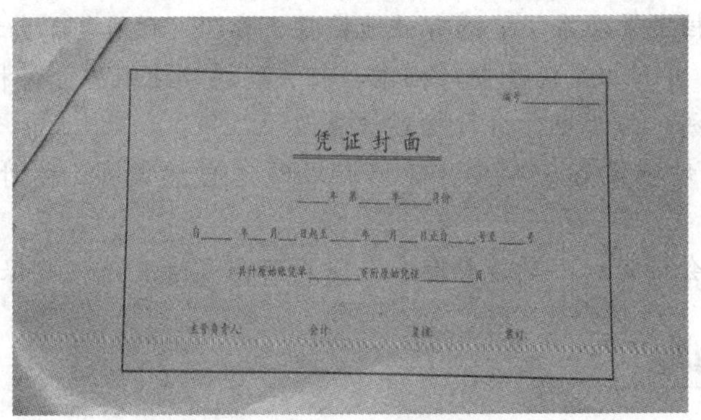

图 8-9　凭证装订完成

2. 会计账簿的整理方法

1）各种会计账簿年度结账后，除跨年使用的会计账簿外，其他会计账簿都应整理立卷。

2）明细分类账按会计科目顺序排列，装订成册。

3）各种会计账簿逐本填写好封面内容，并排序整理。

3. 财务报表的整理方法

1）财务报表一般在年度终了后，应由专人（如主管报表人员）统一收集、整理、装订，并立卷归档。

2）年度终了，应将全年财务报表，按时间顺序整理装订成册，登记财务报表目录，逐项写明报表名称、页数、归档日期等。

3）财务报表经会计机构负责人审核、盖章后，由主管报表人员负责装盒归档。

8.2 保管会计资料

8.2.1 会计资料的归档

企业会计机构应按归档范围和归档要求，将应当归档的会计资料整理立卷，装订成册，编制会计档案保管清册。企业内部形成的属于归档范围的电子会计资料，在满足相应条件下，可仅以电子形式保存，形成电子会计档案。

知识拓展 8-1

电子会计档案的形成条件

1）形成的电子会计资料来源真实有效，由计算机等电子设备形成和传输。

2）使用的会计核算系统能够准确、完整、有效地接收和读取电子会计资料，能够输出符合国家标准归档格式的会计凭证、会计账簿、财务会计报告等会计资料，设定了经办、审核、审批等必要的审签程序。

3）使用的电子档案管理系统能够有效地接收、管理、利用电子会计档案，符合电子档案的长期保管要求，并建立了电子会计档案与相关联的其他纸质会计档案的检索关系。

4）采取有效措施，防止电子会计档案被篡改。

5）建立电子会计档案备份制度，能够有效防范自然灾害、意外事故和人为破坏的影响。

6）形成的电子会计资料不属于具有永久保存价值或者其他重要保存价值的会计档案。

知识拓展 8-2

会计档案的概念

会计档案是指单位在进行会计核算等过程中接收或形成的，记录和反映单位经济业务事项的，具有保存价值的文字、图表等各种形式的会计资料，包括通过计算机等电子设备形成、传输和存储的电子会计档案。会计档案包括已归档的所有会计资料，如会计凭证、会计账簿、财务会计报告和其他会计资料。

8.2.2　会计资料的移交

当年形成的会计档案，在会计年度终了后，可由企业会计机构临时保管 1 年，再移交企业档案机构保管。

期满之后，应当由会计机构编制移交清册，移交企业档案机构统一保管；未设档案机构的企业，应在会计机构内部指定专人负责保管，但出纳人员不得兼管会计档案。

移交档案机构保管的会计档案，原则上应当保持原卷册的封装。个别需要拆封重新整理的，档案机构应会同会计机构和原经办人员共同拆封整理，以分清责任。

8.2.3　会计资料的保管期限

会计档案的保管期限分为永久和定期两类。定期保管期限一般分为 10 年和 30 年。保管期限，从会计年度终了后的第一天算起，该期限为最低保管期限。企业会计档案的具体保管期限见表 8-2。

表 8-2　企业会计档案的具体保管期限

序号	档案名称	保管期限	备注
一、	会计凭证		
1	原始凭证	30 年	
2	记账凭证	30 年	
二、	会计账簿		
3	总分类账	30 年	
4	明细分类账	30 年	
5	日记账	30 年	
6	固定资产卡片		固定资产报废清理后保管 5 年
7	其他辅助性账簿	30 年	
三、	财务会计报告		
8	月度、季度、半年度财务会计报告	10 年	
9	年度财务会计报告	永久	
四、	其他会计资料		
10	银行存款余额调节表	10 年	
11	银行对账单	10 年	
12	纳税申报表	10 年	
13	会计档案移交清册	30 年	
14	会计档案保管清册	永久	
15	会计档案销毁清册	永久	
16	会计档案鉴定意见书	永久	

8.2.4　会计资料的查阅

企业的会计档案原则上不得借出。如有特殊需要，经本单位负责人批准，在不拆散原卷册的前提下，可以提供查阅或复制，但必须办理登记手续，登记查阅人或复制人的姓名、单位、查阅或复制档案的卷号和内容等。在查阅或复制会计档案时，严禁在会计档案上涂画、拆封和抽换。

8.2.5 会计资料的销毁

根据《会计档案管理办法》的规定，保管期满的会计档案，除特殊规定外，可以按规定程序予以销毁。

销毁时，由企业档案机构会同会计机构提出销毁意见，编制会计档案销毁清册，单位负责人对所要销毁的会计档案进行复核后，在会计档案销毁清册上签署意见。销毁会计档案，应由档案机构和会计机构共同派员监销，销毁后，监销人员应在会计档案销毁清册上签名盖章，并将监销情况报告单位负责人。

对于保管期满但未结清的债权债务原始凭证和涉及其他未了事项的原始凭证，不得销毁，应单独抽出立卷，保管到未了事项完结时为止。

本章小结

会计资料是指在会计核算过程中形成的，记录和反映实际发生的经济业务事项的资料。会计资料是记录会计核算过程和结果的载体，是反映企业财务状况、经营成果的重要依据。会计资料一般包括会计凭证、会计账簿、财务会计报告和其他会计资料。

企业会计机构应按归档范围和归档要求，将应当归档的会计资料整理立卷，装订成册，编制会计档案保管清册。企业内部形成的属于归档范围的电子会计资料，在满足相应条件下，可仅以电子形式保存，形成电子会计档案。

当年形成的会计档案，在会计年度终了后，可由企业会计机构临时保管 1 年，再移交企业档案机构保管。期满之后，应当由会计机构编制移交清册，移交企业档案机构统一保管；未设档案机构的企业，应在会计机构内部指定专人负责保管，但出纳人员不得兼管会计档案。

会计档案的保管期限分为永久和定期两类。定期保管期限一般分为 10 年和 30 年。保管期限，从会计年度终了后的第一天算起，该期限为最低保管期限。

主要参考文献

财政部会计资格评价中心，2018．初级会计实务[M]．北京：经济科学出版社．

财政部会计资格评价中心，2019．中级会计实务[M]．北京：经济科学出版社．

陈国辉，迟旭升，2012．基础会计[M]．3 版．大连：东北财经大学出版社．

龚翔，施先旺，2019．会计学原理[M]．大连：东北财经大学出版社．

广东省中等职业学校教材编写委员会，2009．基础会计（修订本）[M]．广州：广东高等教育出版社．

广州市中等职业教育地方教材建设委员会，2014．会计基础[M]．2 版．广州：广东科技出版社．

罗绍明，罗明丽，2018．新编企业财务会计[M]．上海：立信会计出版社．

杨如梅，2012．会计学基础：会计流程与操作[M]．3 版．北京：北京理工大学出版社．